스마트한 생활을 위한 버전2

한글 2010 활용

시대인

이 책의 구성

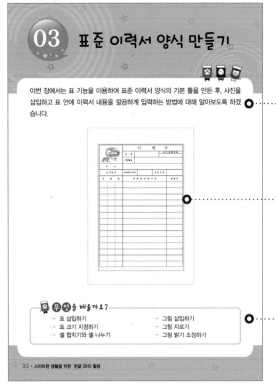

☆ 들어가기

각 장마다 배우게 될 내용을 설명합니다.

☆ 미리보기

각 장마다 배우게 되는 예제의 완성된 모습을 미리 확인할 수 있습니다.

☆ 무엇을 배울까요?

본문에서 어떤 기능들을 배울지 간략하게 살펴봅니다.

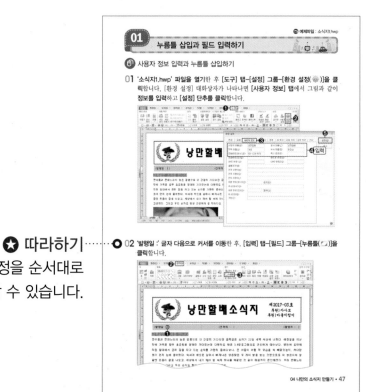

☆ 따라하기

예제를 만드는 과정을 순서대로 따라하면서 쉽게 기능을 습득할 수 있습니다.

05 [스타일] 대화상자에 적용한 [문단 모양 정보]와 [글자 모양 정보]를 확인한 후 [설정] 단추를 클릭합니다.

06 3쪽의 '일반건강검진' 글자에 스타일이 적용된 것을 확인합니다.

배움터 스타일이란?
스타일은 긴 문서에서 문서의 일관성을 유지하기 위해 글자 모양이나 문단 모양, 글머리표 등의 서식을 미리 만든 후 필요할 때 선택만으로 쉽게 편집 작업을 할 수 있도록 하는 기능입니다. 한글 2010에서는 몇 개의 스타일 종류를 기본적으로 제공하고 있으며, 이는 사용자가 필요에 따라 변경하거나 추가 또는 제거할 수 있습니다.

★ 배움터
본문에서 다루지 못한 내용이나 알아두어야 할 사항들을 추가적으로 설명합니다.

★ 디딤돌 학습
각 장마다 배운 내용을 토대로 한 번 더 복습할 수 있도록 응용된 문제를 제공합니다. 혼자 연습해봄으로써 실력을 다질 수 있습니다.

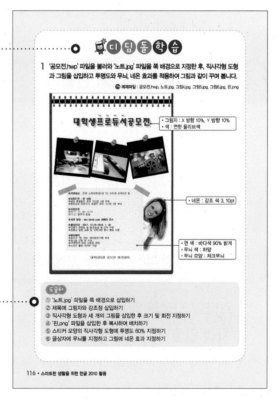

디딤돌학습

1 '공모전.hwp' 파일을 불러와 '노트.jpg' 파일을 쪽 배경으로 지정한 후, 직사각형 도형과 그림을 삽입하고 투명도와 무늬 네온 효과를 적용하여 그림과 같이 꾸며 봅니다.
• 예제파일 : 공모전.hwp, 노트.jpg, 그림4.jpg, 그림5.jpg, 그림6.jpg, 핀.png

대학생프로듀서공모전
• 그림자 : X 방향 10%, Y 방향 10%
• 색 : 연한 올리브색
• 네온 : 강조 색 3, 10pt
• 면 색 : 바다색 90% 밝게
• 무늬 색 : 하양
• 무늬 모양 : 체크무늬

도움터
① '노트.jpg' 파일을 쪽 배경으로 삽입하기
② 제목에 그림자와 강조점 삽입하기
③ 직사각형 도형과 세 개의 그림을 삽입한 후 크기 및 회전 지정하기
④ '핀.png' 파일을 삽입한 후 복사하여 배치하기
⑤ 스티커 모양의 직사각형 도형에 투명도 60% 지정하기
⑥ 글상자에 무늬를 지정하고 그림에 네온 효과 지정하기

★ 도움터
혼자 연습해 볼 수 있도록 필요한 정보 또는 방법을 지원합니다.

목차

01 보관용 문서 라벨 만들기

이번 장에서는 가로 글상자와 세로 글상자를 삽입하여 글상자의 바깥 여백 및 모서리 곡률을 변경하는 방법과 함께 테두리 선 색 및 선 종류, 글자 방향을 지정하여 보관용 문서 라벨을 만드는 방법에 대해 알아보도록 하겠습니다.

 무엇을 배울까요?

   … 가로 글상자 삽입하기   … 선 지정하기

   … 세로 글상자 삽입하기   … 글자 방향 지정하기

예제파일 : 문서라벨1.hwp

01 가로 글상자 삽입과 선 지정하기

가로 글상자 삽입하기

01 [파일]–[불러오기] 메뉴를 선택하여 '문서라벨1.hwp' 파일을 열기한 후, [입력] 탭–[개체] 그룹–[가로 글상자(🔲)]를 클릭합니다. 마우스 포인터 모양이 변경 (＋)되면 그림과 같이 **첫 번째 셀 영역 안에 드래그**합니다.

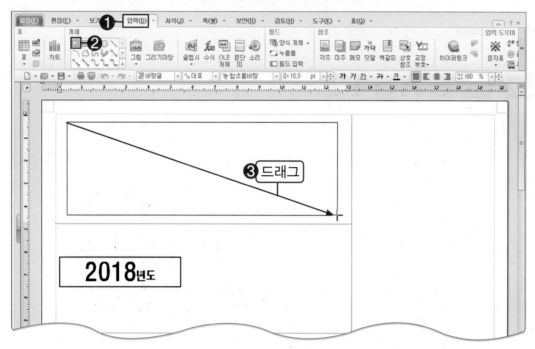

02 글상자가 삽입되면 **'관리분담금'을 입력**하고 **블록 지정**한 상태에서 **[서식] 탭–** **[글자] 그룹의 그룹 이름(글자 ▫)을** 클릭합니다.

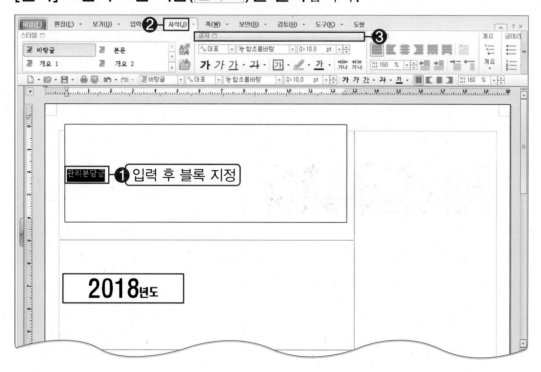

03 [글자 모양] 대화상자가 나타나면 [기준 크기]를 '40pt', [글꼴]을 '견고딕', [장평]을 '150%'로 각각 지정한 후, [설정] 단추를 클릭합니다.

배움터 장평에 따른 글자 모양

장평은 글자의 크기는 그대로 유지하면서 글자의 가로 폭을 줄이거나 늘려서 글자 모양에 변화를 주는 기능으로, 기본 값은 '100%'이며, '50%~200%' 범위 내에서 사용자가 장평 값을 지정할 수 있습니다.

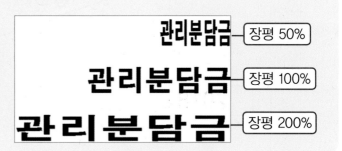

04 글자의 모양이 변경되면 [서식] 도구 상자에서 [가운데 정렬(≡)]을 클릭한 후, [도형] 탭-[배치] 그룹-[글자처럼 취급]을 클릭(체크)하여 글상자의 위치가 이동되는 것을 확인합니다.

05 글상자의 위치를 표의 첫 번째 셀로 이동하기 위해 **글상자를 선택**한 후, [편집] 탭-[클립보드] 그룹-[오려두기(✂)]를 클릭합니다.

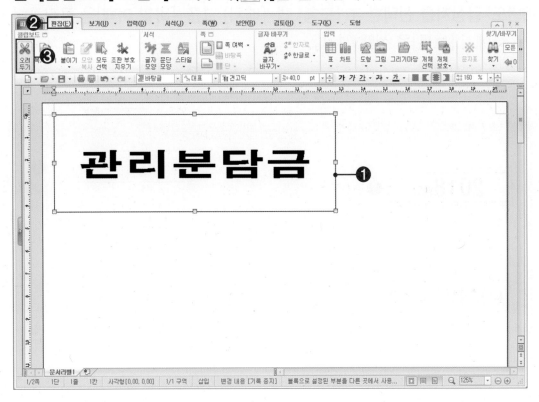

06 선택한 글상자가 없어지면 **표의 첫 번째 셀로 커서를 이동**한 후 [편집] 탭-[클립보드] 그룹-[붙이기(📋)]를 클릭하여 표 안에 글상자가 배치되는 것을 확인합니다.

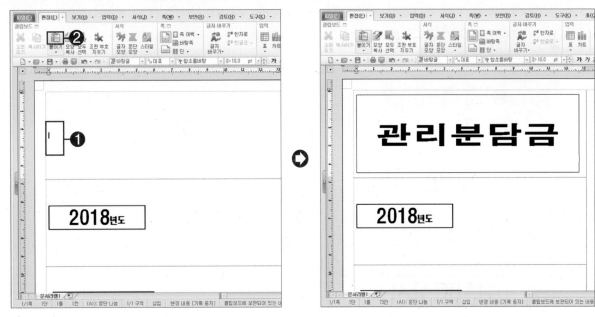

🖱 바깥 여백과 모서리 곡률 지정하기

01 '2018년도' 글상자를 선택한 후 [도형] 탭–[배치] 그룹–[바깥 여백]을 클릭하여 나타나는 목록에서 [보통]을 선택합니다.

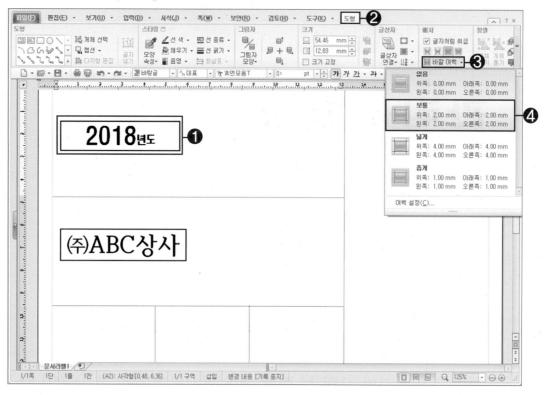

02 글상자의 위쪽과 아래쪽, 왼쪽과 오른쪽에 '2mm'의 여백이 각각 지정되면 [편집] 탭–[클립보드] 그룹–[복사하기(📋)]를 클릭합니다.

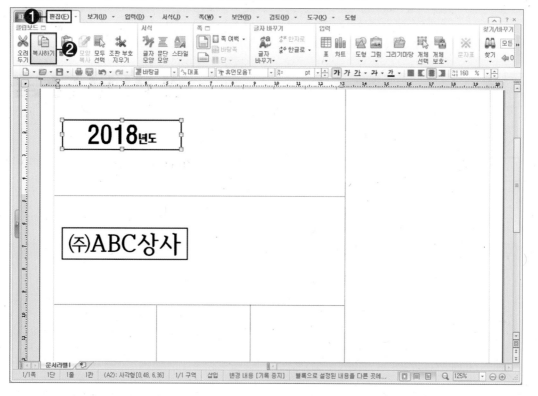

03 '2018년도' 글상자의 오른쪽으로 커서를 이동한 후 [편집] 탭-[클립보드] 그룹-
[붙이기(📋)]를 클릭합니다. 여백이 적용된 상태로 복사되는 것을 확인합니다.

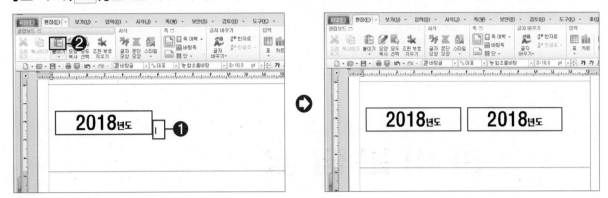

배움터 이동 및 복사

• **이동** : 개체 선택 또는 블록 지정 → `Ctrl`+`X` → 이동 위치 선택 → `Ctrl`+`V`
• **복사** : 개체 선택 또는 블록 지정 → `Ctrl`+`C` → 이동 위치 선택 → `Ctrl`+`V`

04 `Enter` 키를 눌러 줄을 변경한 후, [붙이기(📋)]를 두 번 클릭하여 글상자를 복
사합니다.

05 계속해서 **두 번째 글상자를 선택**한 후 [도형] 탭-[스타일] 그룹-[선 종류]-[다른 선]을
선택합니다. [개체 속성] 대화상자가 나타나면 [사각형 모서리 곡률]을 '둥근 모양'
으로 지정한 후 [설정] 단추를 클릭합니다.

06 같은 방법 또는 더블 클릭을 이용하여 **세 번째 '2018년도' 글상자**의 사각형 모서리 곡률을 **'반원'으로 지정**합니다.

07 네 번째 '2018년도' 글상자의 사각형 모서리 곡률은 **[곡률 지정]으로 선택**한 후 값을 '35%'로 **지정**합니다.

테두리 선 색과 선 종류 지정하기

01 '(주)ABC상사' 글상자를 복사하여 그림과 같이 붙여넣기 한 후, 두 번째 '(주) ABC상사' 글상자가 선택된 상태에서 [도형] 탭-[스타일] 그룹-[선 색( )] 오른쪽의 펼침 단추(▼)를 클릭해 나타나는 목록에서 [바다색]을 선택합니다.

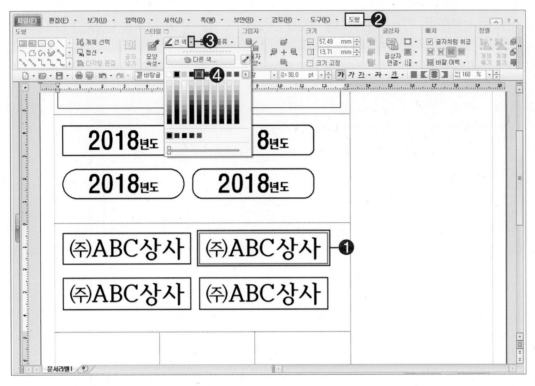

02 세 번째 '(주)ABC상사' 글상자의 [선 색]을 '루비색'으로 지정한 후, [선 종류]를 클릭해 나타나는 목록에서 그림과 같은 선 종류를 선택하여 결과를 확인합니다.

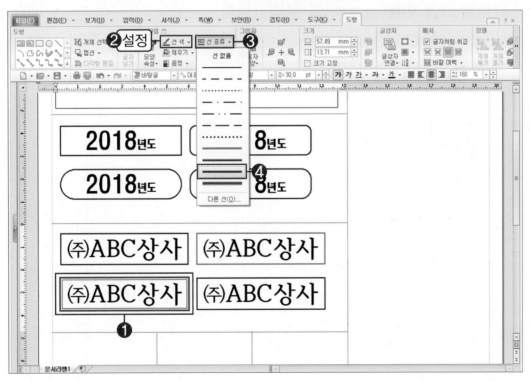

예제파일 : 문서라벨2.hwp

세로 글상자 삽입과 글자 방향 지정하기

세로 글상자 삽입과 자간 지정하기

01 **[입력] 탭-[개체] 그룹-[세로 글상자(▥)]를 클릭**하여 마우스 포인터 모양이 변경(╋)되면 그림과 같이 네 번째 행의 첫 번째 셀 영역 안에 **드래그**합니다.

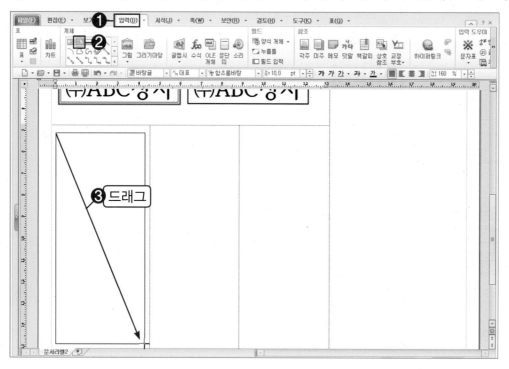

02 글상자가 삽입되면 '**관리분담금**'을 **입력**하고 **블록 지정**한 상태에서 **[서식] 탭-[글자] 그룹의 그룹 이름(글자 ▢)을 클릭**합니다.

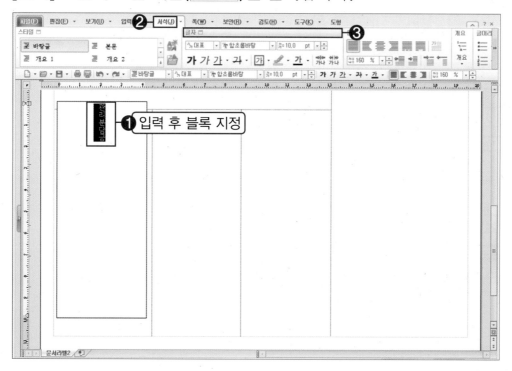

03 [글자 모양] 대화상자가 나타나면 [기준 크기]를 '40pt', [글꼴]을 '견고딕', [자간]을 '30%'로 각각 지정한 후 [설정] 단추를 클릭합니다.

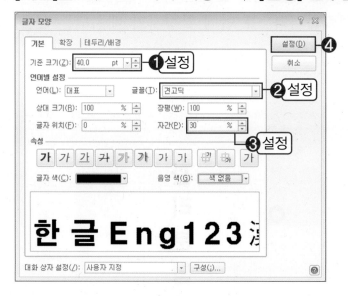

배움터 자간에 따른 글자 모양

자간은 문서를 보다 읽기 편하도록 글자와 글자 사이의 간격을 조절하는 기능으로, 기본 값은 '0%'이며, '-50%~50%' 범위 내에서 사용자가 자간 값을 지정할 수 있습니다. 자간이 0이면 자간을 따로 주지 않은 상태이며, 0보다 작은 숫자를 입력하면 다음 글자와의 간격이 좁아지고, 0보다 큰 숫자를 입력하면 다음 글자와의 간격이 넓어집니다.

04 글자의 모양이 변경되면 [서식] 도구 상자에서 [가운데 정렬(≡)]을 클릭합니다. [도형] 탭-[배치] 그룹-[글자처럼 취급]을 클릭(체크)하여 글상자의 위치가 이동되는 것을 확인한 후 **글상자를 선택**합니다.

05 글상자의 위치를 표의 네 번째 행의 첫 번째 셀 영역 안에 배치되도록 하기 위해 **[편집] 탭-[클립보드] 그룹-[오려두기(✂)]를 클릭**한 후, **해당 셀로 커서의 위치를 이동**하고 **[붙이기(📋)]를 클릭**합니다. 표 안에 글상자가 배치되는 것을 확인합니다.

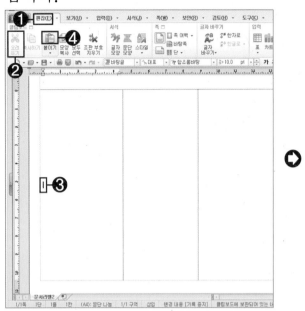 

🖱 세로 글상자 삽입과 글자 방향 지정하기

01 **[입력] 탭-[개체] 그룹-[세로 글상자(▦)]**를 이용하여 글상자를 삽입한 후, '2018년도'와 '(주)ABC상사'로 각각 입력하고 **글자 서식을 지정**합니다.

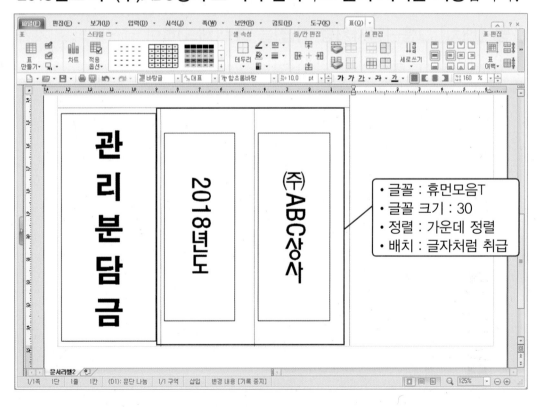

- 글꼴 : 휴먼모음T
- 글꼴 크기 : 30
- 정렬 : 가운데 정렬
- 배치 : 글자처럼 취급

02 '2018년도' 글상자를 선택한 후 Shift 키를 누른 채 '(주)ABC상사' 글상자를 클릭하여 두 개의 글상자가 선택되면 [도형] 탭-[글상자] 그룹-[세로 쓰기(⊪⅘)] 오른쪽의 **펼침 단추(▼)를 클릭**해 나타나는 목록에서 [영문 세움]을 선택합니다.

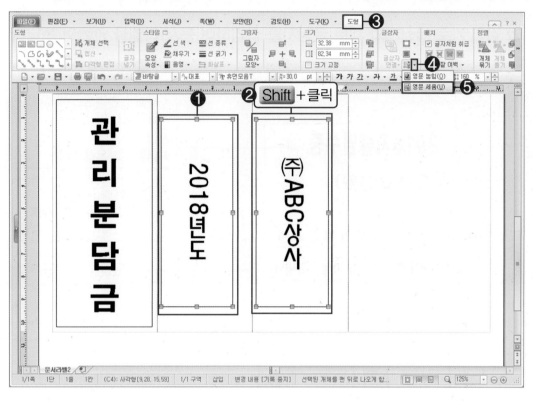

03 숫자와 영문이 세로 방향으로 변경되면 [도형] 탭-[크기] 그룹에서 [너비] 값을 '15mm'로 **지정**한 후 결과를 확인합니다.

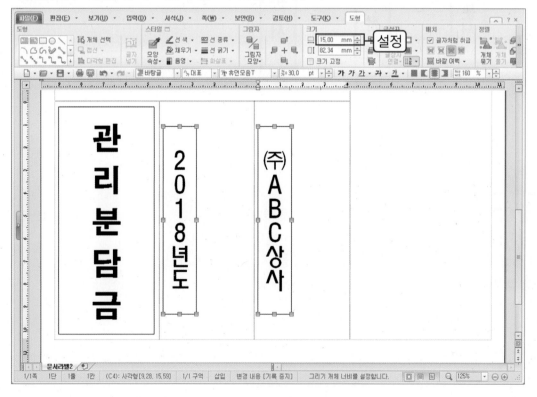

디딤돌학습

1 그림과 같이 가로 글상자와 세로 글상자를 삽입하여 문서 라벨을 만들어 봅니다.

🌀 예제파일 : 라벨모음.hwp

2018지출영수증

(1월-6월)

- 글꼴 : 휴먼둥근헤드라인
- 글꼴 크기 : 40pt
- 장평 : 70%
- 정렬 : 가운데 정렬

- 글꼴 : 견고딕
- 글꼴 크기 : 30pt
- 정렬 : 가운데 정렬

부가세신고내역　　부가 세 신 고 내 역

부가세신고내역　　부가세신고내역

- 글꼴 : 휴먼모음T
- 글꼴 크기 : 24pt
- 자간 : 0%, 30%
- 정렬 : 가운데 정렬

2018 팩스처리문서

2018 팩스처리문서

2018 발송공문서 지원과

- 글꼴 : 견고딕
- 글꼴 크기 : 15pt, 30pt
- 정렬 : 가운데 정렬

도움터

① 글상자를 삽입한 후 '글자처럼 취급' 항목 체크 표시하기
② 글상자를 오려두기 한 후 표의 해당 셀에서 붙이기하여 위치 지정하기
③ '부가세신고내역' 글상자의 바깥쪽 여백(2)을 지정한 후 복사하기
④ 그림과 비슷한 모양의 사각형 모서리 곡률(둥근 모양)과 선 색, 선 종류 지정하기

02 주사위 전개도 만들기

이번 장에서는 격자에 맞게 도형을 삽입한 후 도형을 복사 및 회전하여 주사위 전개도를 만드는 방법과 함께 모양 복사 기능을 이용해 문서에 통일된 서식을 적용하고 개체 모양 복사 기능을 이용해 특정 도형에 적용된 여러 서식을 다른 도형에 적용하는 방법에 대해 알아보도록 하겠습니다.

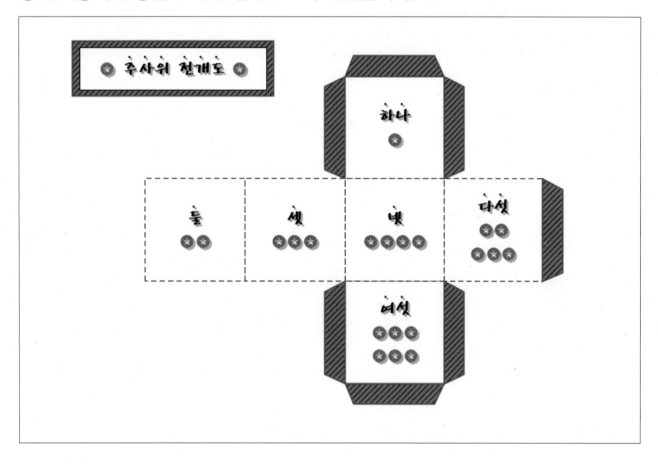

 무엇을 배울까요?

- ···⟫ 도형 삽입하기
- ···⟫ 도형 복사하기
- ···⟫ 도형 회전하기
- ···⟫ 모양 복사하기
- ···⟫ 개체 모양 복사하기

도형 삽입과 복사 및 회전하기

격자 설정과 도형 삽입하기

01 '주사위1.hwp' 파일을 열기한 후, [보기] 탭–[표시/숨기기] 그룹–[격자(▦)]를 클릭하여 화면에 격자가 표시되는 것을 확인합니다.

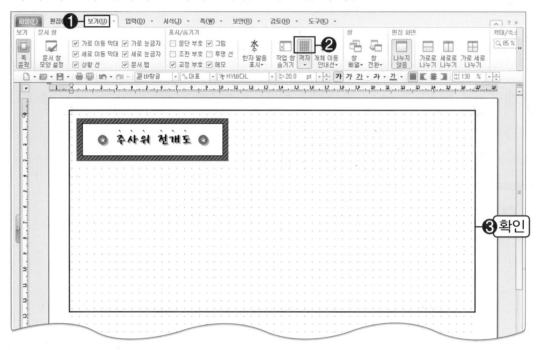

02 [격자(▦)] 아래쪽의 **펼침 단추(▼)를 클릭**해 나타나는 목록에서 [격자 설정]을 **선택**합니다. [격자 설정] 대화상자가 나타나면 **그림과 같이 지정**한 후 [설정] **단추를 클릭**합니다.

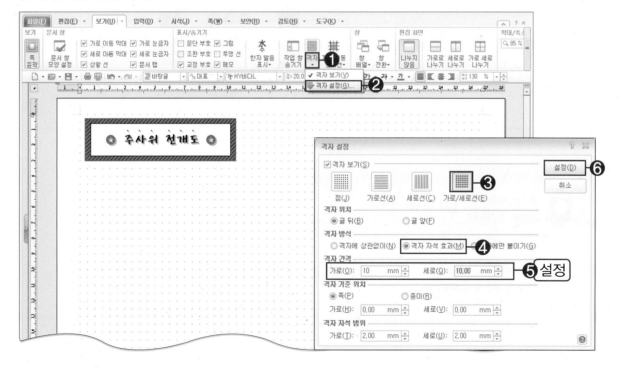

03 격자 모양 및 간격이 넓게 변경되면 **[입력] 탭-[개체] 그룹-[직사각형(□)]을 클릭**하여 마우스 포인터 모양이 변경(+)되면 그림과 같이 **5X5 격자에 맞춰 드래그**합니다.

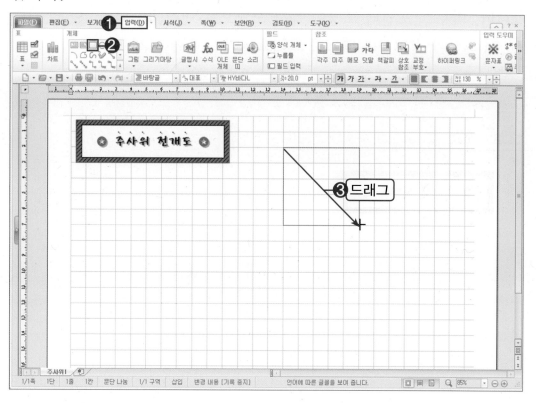

04 직사각형 도형이 삽입되면 **[도형] 탭-[크기] 그룹**에서 **[너비]와 [높이] 값을 각각 '50mm'로 지정**한 후, 그림과 같이 **[스타일] 그룹에서 선 종류를 지정**합니다.

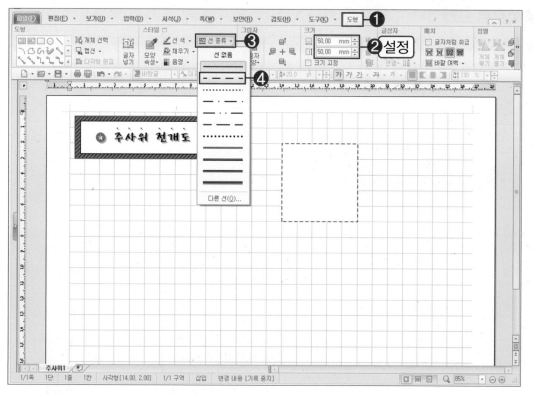

마우스를 이용한 도형 복사하기

01 직사각형 도형이 선택된 상태에서 Ctrl 키를 누른 채 마우스 포인터를 도형으로
이동합니다. 마우스 포인터 모양이 복사 모양으로 변경( )되면 Shift 키를 동시
에 누른 채 그림과 같이 **아래쪽으로 드래그**하여 도형을 복사합니다.

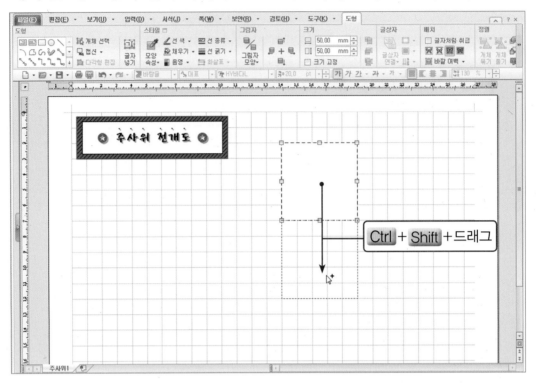

02 다시 **복사된 직사각형 도형이 선택된 상태**에서 Ctrl 키와 Shift 키를 동시에 누른
채 **왼쪽으로 드래그**하여 도형의 가로 위치를 유지한 채 복사되는 것을 확인합니다.

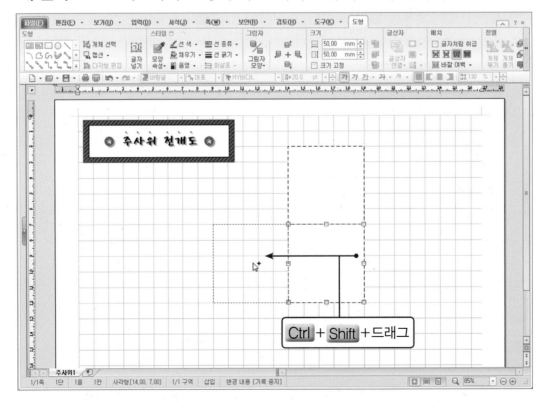

03 같은 방법으로 **나머지 직사각형 도형도 복사**하여 그림과 같이 여섯 개의 도형을 만듭니다.

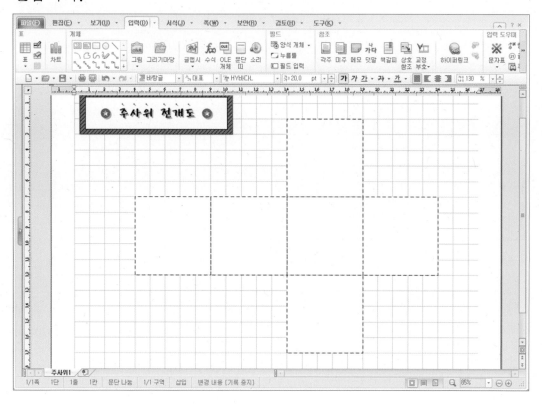

04 그림과 같이 **첫 번째 직사각형 도형을 선택**한 후 [도형] 탭-[도형] 그룹-[글자 넣기(
)]를 클릭하여 커서가 깜박이면 **'하나'를 입력**합니다.

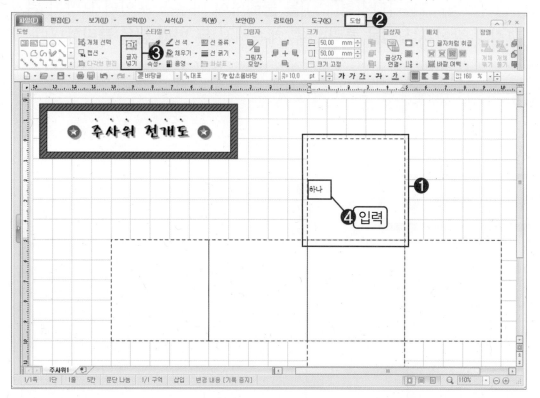

05 같은 방법으로 **나머지 직사각형 도형에도 [글자 넣기(⬚)]를 클릭**하여 그림과 같이 **내용을 입력**합니다.

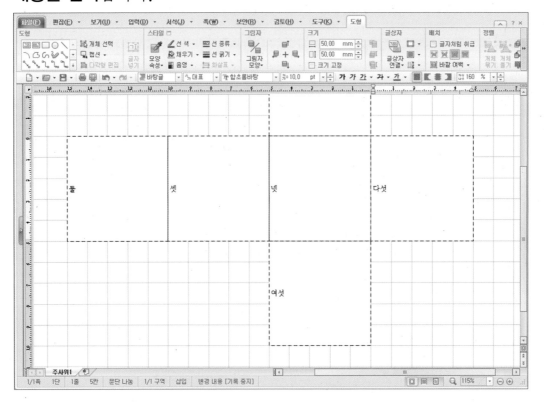

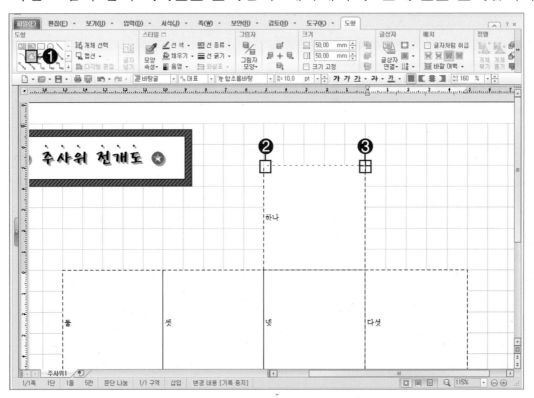다각형 삽입과 회전하기

01 [도형] 탭-[도형] 그룹-[다각형(⬚)]을 클릭하여 마우스 포인터 모양이 변경(+) 되면 그림과 같이 **시작점을 클릭**한 후 계속해서 **두 번째 점을 클릭**합니다.

02 같은 방법으로 **세 번째 점과 네 번째 점을 각각 순서대로 클릭**한 후 **마지막으로 처음 시작점을 다시 클릭**하여 다각형 도형이 만들어지는 것을 확인합니다.

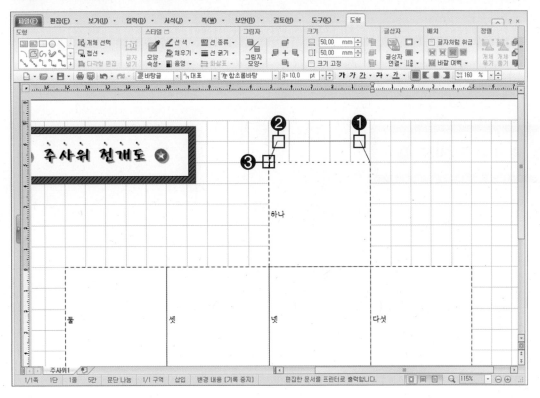

03 다각형 도형이 선택된 상태에서 `Ctrl` **키를 누른 채** 그림과 같이 **왼쪽으로 드래그**하여 복사를 합니다.

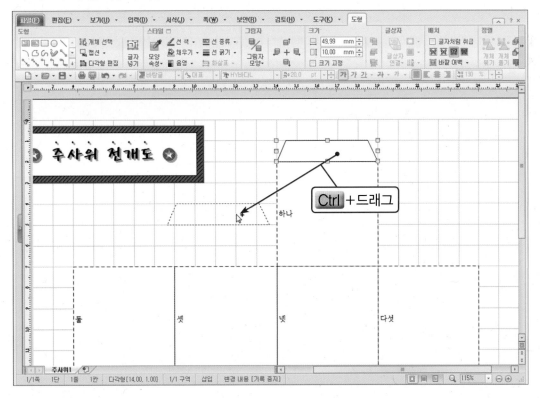

04 다각형 도형이 복사되면 **[도형] 탭–[회전/대칭] 그룹–[왼쪽으로 90도 회전( )]**
을 클릭하여 도형이 회전되면 그림과 같이 **위치를 지정**합니다.

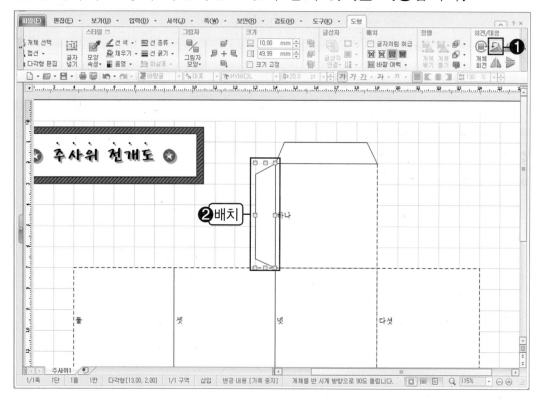

05 같은 방법으로 **여러 개의 다각형 도형을 복사**한 후 도형의 방향에 맞게 **회전**하여
그림과 같은 모양을 만듭니다.

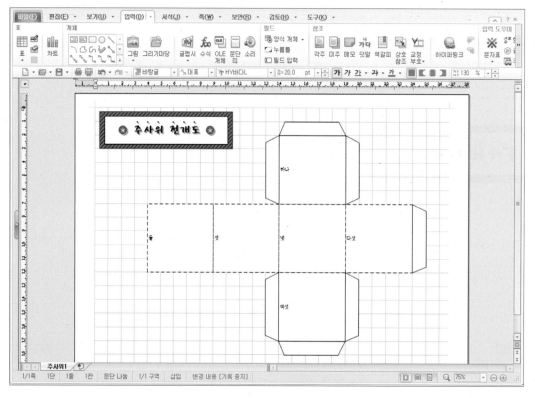

02 모양 복사와 개체 모양 복사하기

모양 복사로 서식 지정하기

01 '주사위 전개도' 글자 안으로 커서를 이동한 후 [편집] 탭-[클립보드] 그룹-[모양 복사(✎)]를 클릭합니다. [모양 복사] 대화상자가 나타나면 '**글자 모양과 문단 모양 둘 다 복사**'를 선택한 후 [복사] 단추를 클릭합니다.

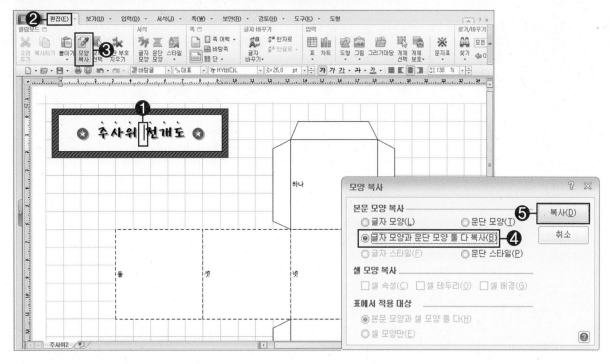

02 직사각형 도형 안에 입력된 '**하나**' 글자를 블록 지정한 후 다시 [**모양 복사(✎)**]를 클릭하여 '주사위 전개도' 글자에 적용된 글자 모양과 문단 모양 서식이 '하나' 글자에 적용되는 것을 확인합니다.

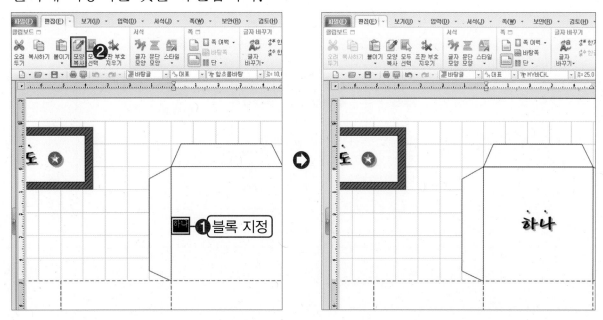

03 같은 방법으로 **나머지 글자도 블록 지정한 후 [모양 복사(📝)]를 클릭**하여 모든 글자에 서식을 복사합니다.

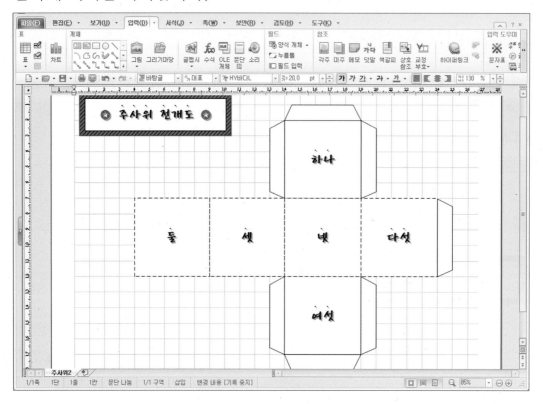

04 '주사위 전개도' 글자 앞에 있는 **별 모양의 기호(⭐)를 복사**하여 그림과 같이 완성합니다.

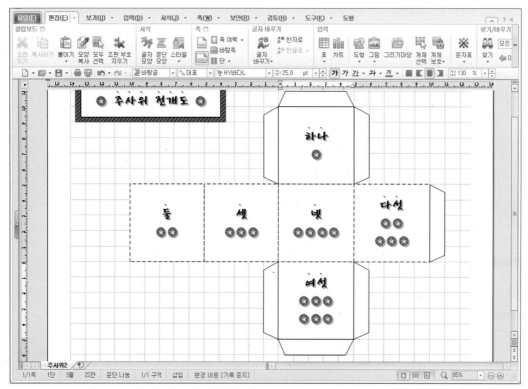

개체 모양 복사로 도형 서식 지정하기

01 '주사위 전개도' 도형 아래에 있는 도형이 선택된 상태에서 [도형] 탭-[스타일] 그룹-[모양 속성(✏)]을 클릭해 나타나는 목록에서 다시 [개체 모양 복사]를 선택합니다.

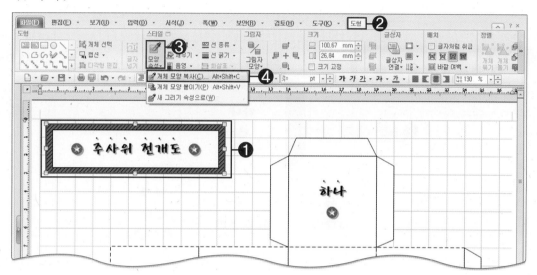

02 [개체 모양 복사] 대화상자가 나타나면 '선 모양'과 '채우기'에 체크 표시를 한 후 [복사] 단추를 클릭합니다.

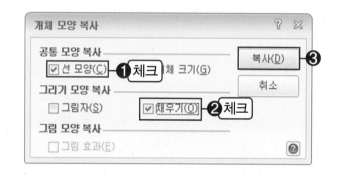

03 그림과 같이 **첫 번째 다각형 도형이 선택된 상태**에서 다시 [모양 속성(✏)]을 클릭하여 [개체 모양 붙이기]를 선택합니다.

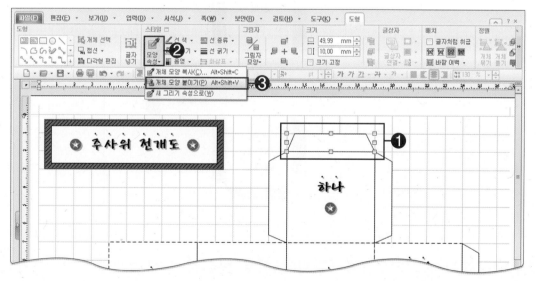

04 도형 모양이 복사되면 **다른 다각형 도형을 선택**한 후 Alt + Shift + V 키를 눌러 앞에서 복사한 개체 모양이 선택한 도형에 적용되는 것을 확인합니다.

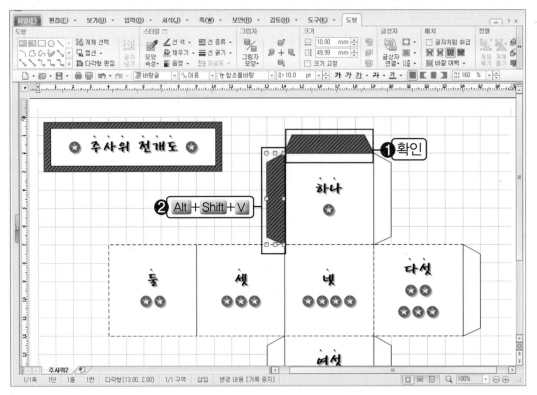

05 같은 방법으로 **나머지 다각형 도형에도 개체 모양을 복사**하여 그림과 같이 완성합니다.

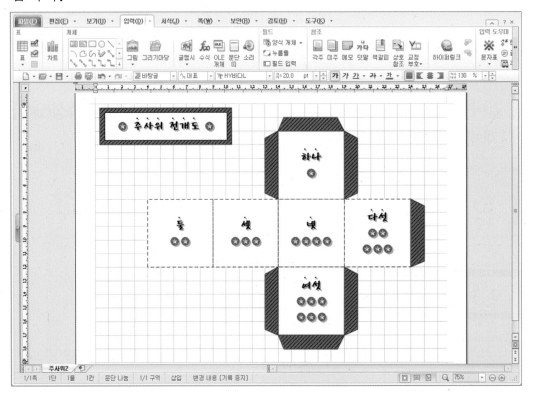

06 [보기] 탭-[표시/숨기기] 그룹-[격자(▦)]를 클릭하여 화면에 표시된 격자를 숨깁니다.

1 그림과 같이 직사각형과 다각형 도형을 삽입한 후, 모양 복사와 개체 모양 복사 기능을 이용해 테이블 안내문을 만들어 봅니다.

예제파일 : 테이블안내문.hwp

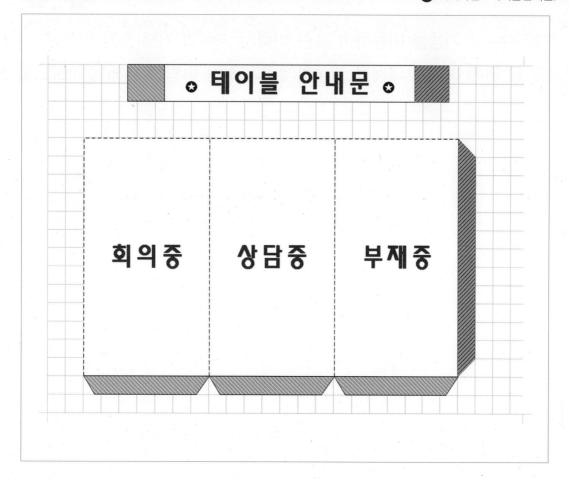

도움터

① 가로와 세로선이 표시되도록 격자 설정하기
② 직사각형 도형을 삽입한 후 복사하여 배치하기
③ 글자 넣기를 이용해 글자 입력하고 글자 모양 복사하기
④ 다각형 도형을 삽입한 후 복사 및 회전하여 배치하기
⑤ 개체 모양 복사 기능을 이용해 다각형 도형에 서식 적용하기

03 표준 이력서 양식 만들기

이번 장에서는 표 기능을 이용하여 표준 이력서 양식의 기본 틀을 만든 후, 사진을 삽입하고 표 안에 이력서 내용을 깔끔하게 입력하는 방법에 대해 알아보도록 하겠습니다.

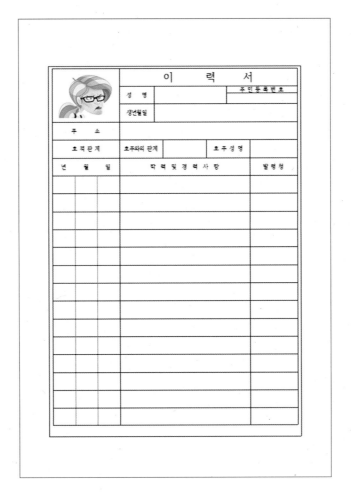

무엇을 배울까요?

- … 표 삽입하기
- … 표 크기 지정하기
- … 셀 합치기와 셀 나누기
- … 그림 삽입하기
- … 그림 자르기
- … 그림 밝기 조정하기

01 표 삽입과 표 크기 지정하기

바깥쪽 표 삽입과 굵기 지정하기

01 '이력서1.hwp' 파일을 열기한 후 바깥쪽의 표를 삽입하기 위해 **[입력] 탭-[표] 그룹-[표(▦)]를 클릭**합니다. [표 만들기] 대화상자가 나타나면 **[줄 수]와 [칸 수]를 각각 '1'로 지정**한 후 **[만들기] 단추를 클릭**합니다.

02 표가 삽입되면 **[표] 탭-[셀 속성] 그룹-[셀 테두리 굵기(▤)]를 클릭**하여 목록에서 **[0.4mm]를 선택**합니다.

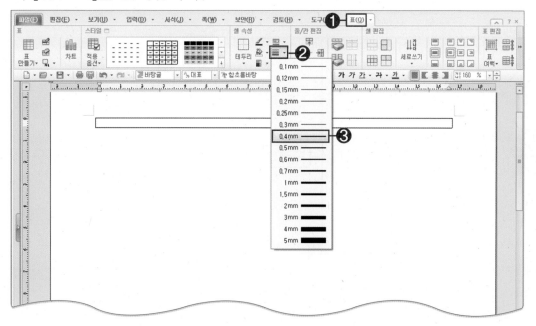

03 [표] 탭–[셀 속성] 그룹–[테두리(▦)] 아래쪽의 **펼침 단추(▼)를 클릭**하여 나타나는 목록에서 [바깥쪽 모두]를 선택합니다.

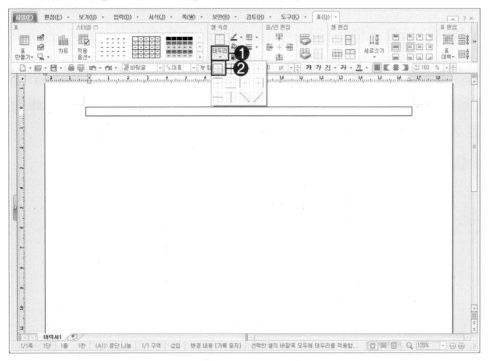

> **배움터** 테두리의 색을 변경하려면 [셀 테두리 색(✏)] 오른쪽의 펼침 단추(▼)를 클릭하여 색상 목록에서 원하는 색을 선택한 후, 테두리 위치를 지정합니다.

04 표의 굵기가 굵게 변경되는 것을 확인한 후, **표의 아래쪽 경계선**에 마우스 포인터를 위치하여 마우스 포인터 모양이 그림과 같이 크기 변경 모양(⬍)으로 바뀌면 **아래쪽으로 드래그**하여 크게 변경합니다.

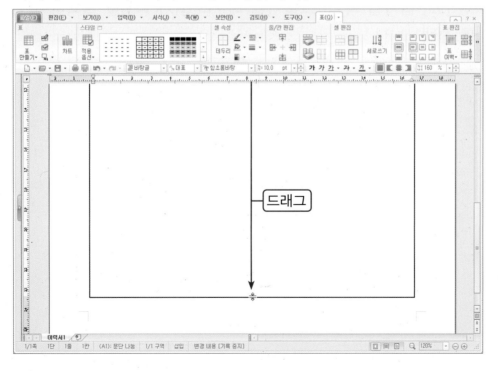

안쪽 표 삽입과 셀 크기 지정하기

01 커서가 표의 '세로 가운데' 위치에 있는 것을 확인한 후 새롭게 만들어질 표는 문서의 위쪽부터 배치되도록 하기 위해 **[표] 탭-[셀 편집] 그룹-[세로 위로 정렬(▤)]을 클릭**합니다.

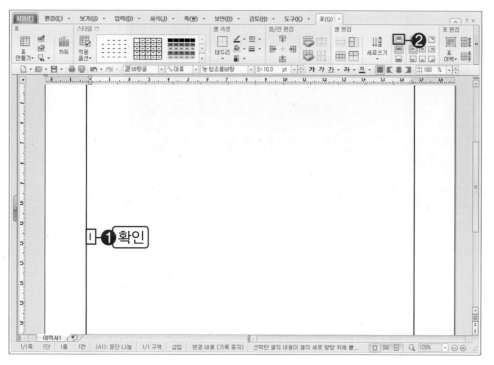

02 커서의 위치가 위쪽으로 이동되면 다시 **[표] 탭-[표] 그룹-[표(▦)]를 클릭**합니다. [표 만들기] 대화상자에서 그림과 같이 **[줄 수]와 [칸 수]를 각각 지정**한 후 '**글자처럼 취급**' 항목을 체크 표시하고 **[만들기] 단추를 클릭**합니다.

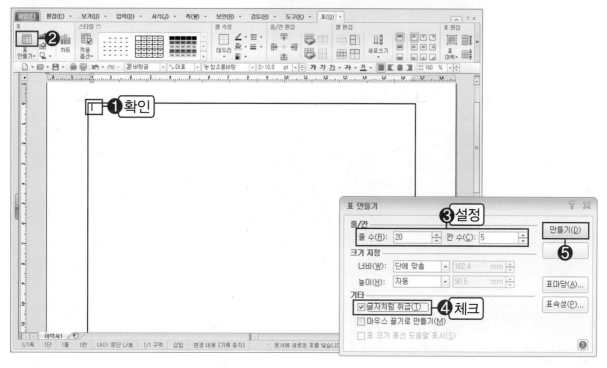

03 표가 삽입되면 **안쪽의 표 전체를 블록 지정**한 후 표의 **아래쪽 경계선을 아래쪽 방향으로 드래그**하여 그림과 같이 크기를 크게 변경합니다.

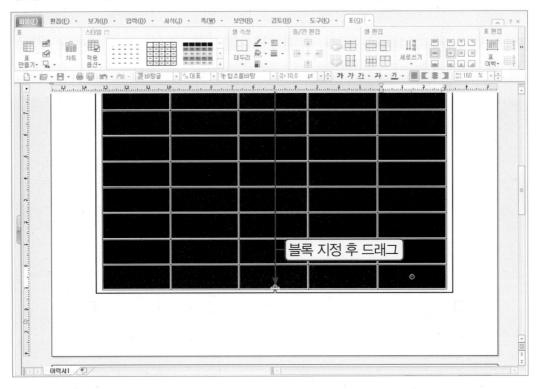

04 첫 번째 열부터 세 번째 열까지의 영역을 블록 지정한 후 마우스 오른쪽 단추를 클릭해 [표/셀 속성] 바로 가기 메뉴를 선택합니다.

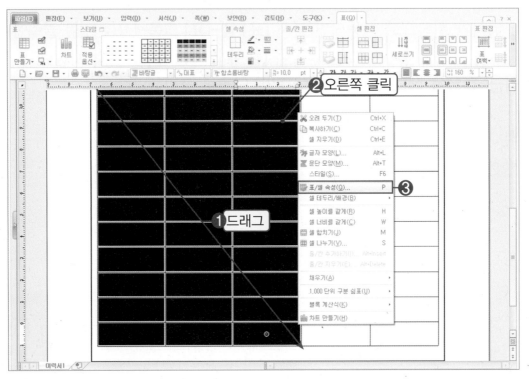

배움터 [표/셀 속성] 대화상자 호출 방법

표가 선택된 상태에서 키보드의 P 키를 누르면 [표/셀 속성] 대화상자가 호출됩니다.

05 [표/셀 속성] 대화상자가 나타나면 **[셀] 탭에서 [셀 크기 적용] 항목을 체크** 표시한 후 **[너비]의 값을 '15mm'로 지정**하고 [설정] 단추를 클릭합니다.

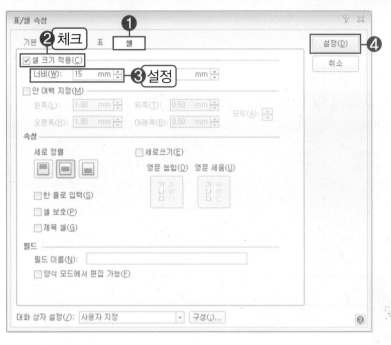

배움터 [안 여백 지정] 방법

[표/셀 속성] 대화상자에서 [안 여백 지정] 항목을 체크 표시하면 상하좌우 여백을 사용자가 원하는 값으로 지정할 수 있습니다.

06 선택한 셀의 너비가 변경되면 **네 번째 열과 다섯 번째 열은 각각 경계선을 오른쪽 방향으로 드래그**하여 그림과 같이 크기를 변경합니다.

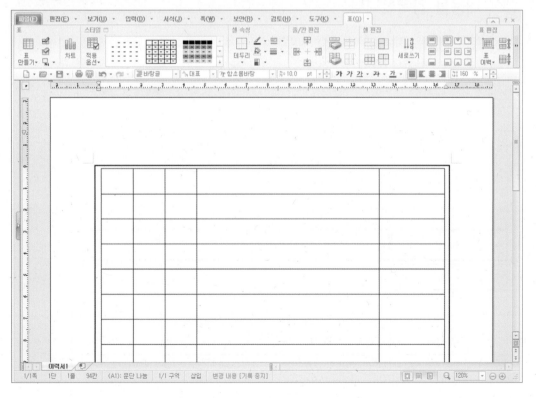

 예제파일 : 이력서2.hwp

셀 합치기와 셀 나누기

셀 합치기와 셀 나누기

01 사진을 삽입할 영역의 셀을 하나로 합치기 위해 그림과 같이 **셀 영역을 블록 지정**한 후 **[표] 탭-[셀 편집] 그룹-[셀 합치기(▦)]**를 클릭합니다.

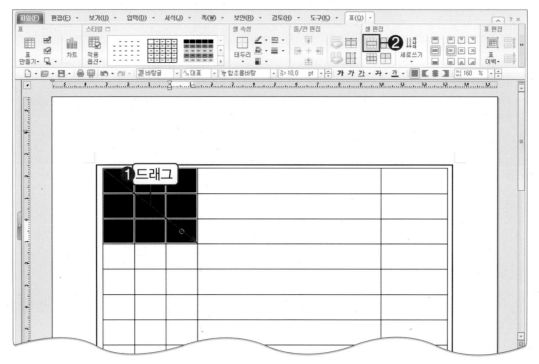

02 선택한 영역의 셀이 하나로 합쳐지면 같은 방법으로 **나머지 셀도 합치기**한 후 그림과 같이 **내용을 입력**합니다.

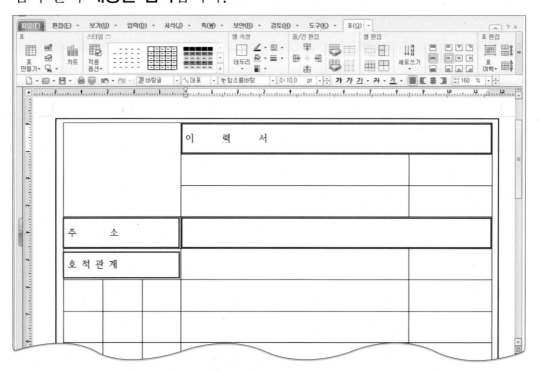

03 특정 셀의 너비만 작게 변경하기 위해 그림과 같이 **두 개의 셀 영역을 블록 지정**한 후, 오른쪽 경계선을 Shift 키를 누른 채 왼쪽으로 드래그합니다.

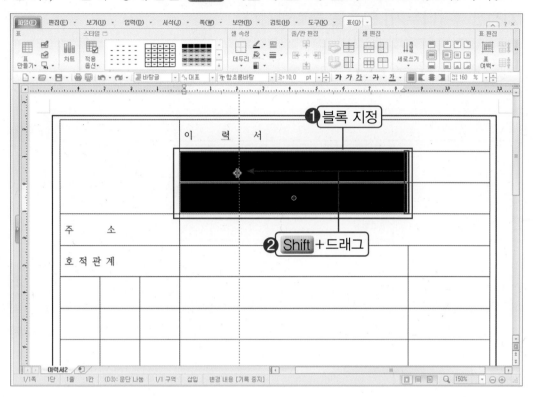

04 셀의 너비가 변경되면 그림과 같이 **'성명'과 '생년월일'을 각각 입력**한 후 **'성명'의 오른쪽 셀로 커서를 이동**한 상태에서 **[표] 탭-[셀 편집] 그룹-[셀 나누기(▦)]**를 클릭합니다. [셀 나누기] 대화상자가 나타나면 **[칸 수]를 '2'로 지정**한 후 **[나누기] 단추를 클릭**합니다.

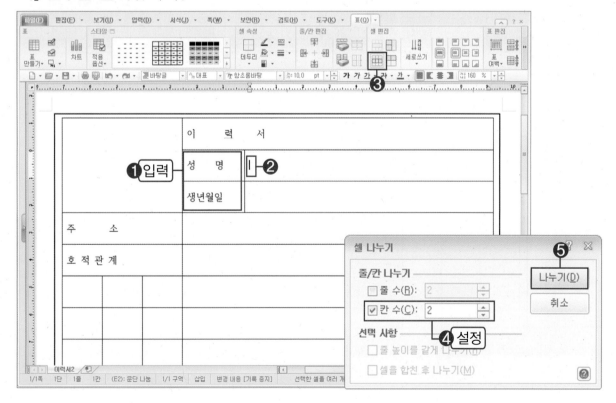

05 두 개의 칸으로 나눠지면 오른쪽 셀로 **커서를 이동**한 후, 다시 **[표] 탭-[셀 편집]** 그룹-[셀 나누기(⊞)]를 클릭합니다. [셀 나누기] 대화상자가 나타나면 [줄 수]를 '2'로 **지정**한 후 [나누기] 단추를 클릭합니다.

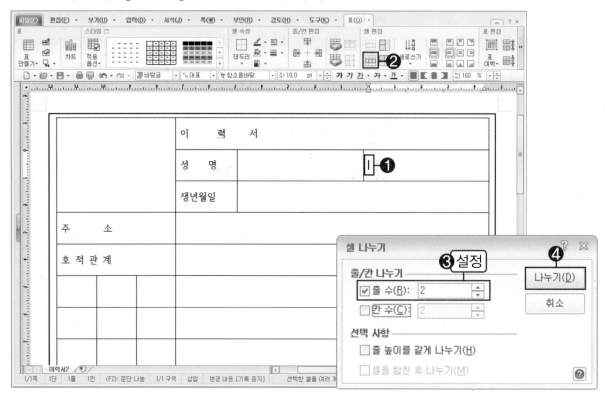

06 두 개의 줄로 나눠지면 **'주민등록번호'를 입력**한 후, 같은 방법으로 **'호적관계'** 오른쪽의 셀을 세 개의 칸으로 나눠 그림과 같이 **내용을 입력**합니다.

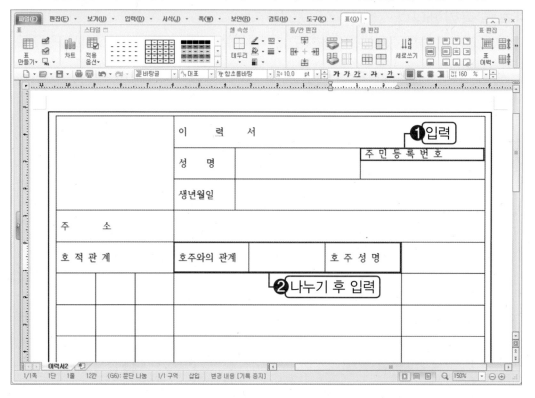

셀 테두리 지정하기

01 그림과 같이 **각 셀에 '년', '월', '일'을 입력**한 후 **해당 셀 영역을 블록 지정**하고 **마우스 오른쪽 단추를 클릭**해 **[셀 테두리/배경]–[각 셀마다 적용] 바로 가기 메뉴를 선택**합니다.

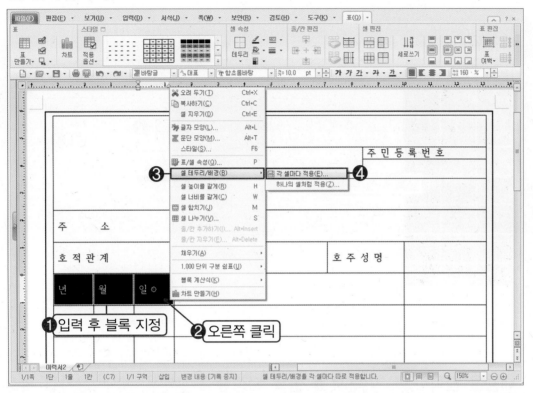

02 [셀 테두리/배경] 대화상자가 나타나면 [테두리] 탭에서 **테두리 종류를 '선 없음'으로 지정**한 후 **'안쪽 세로(⊞)'를 선택**하고 **[설정] 단추를 클릭**해 '년월일'의 안쪽 테두리가 투명하게 지정되는 것을 확인합니다.

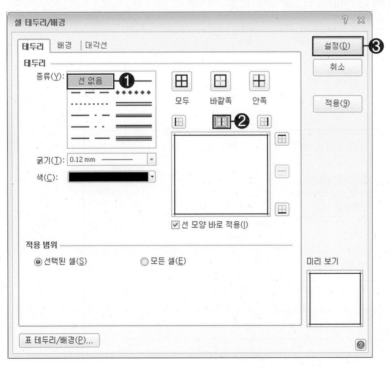

03 그림과 같이 '**년월일**'의 **아래쪽 모든 셀을 블록 지정**한 후 Ll 키를 누릅니다. [셀 테두리/배경] 대화상자가 나타나면 [테두리] 탭에서 **테두리 종류를 '점선'으로 지정**한 후 '**안쪽 세로( )**'를 **선택**하고 [**설정**] **단추를 클릭**합니다.

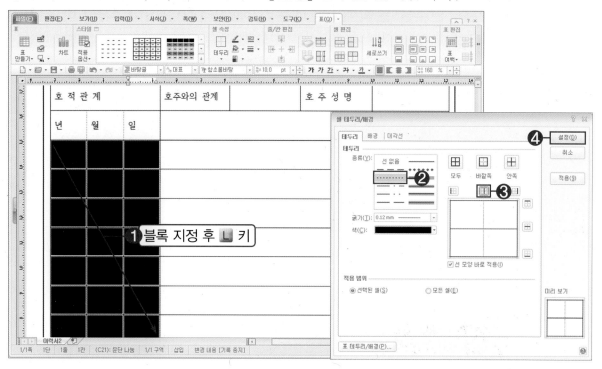

04 선택한 영역의 안쪽 테두리가 점선으로 표시되면 '**년월일**'의 **오른쪽 셀**에 그림과 같은 **내용을 입력**하고, '**이력서**'를 **블록 지정**한 후 [서식] 도구 상자를 활용하여 **글꼴 크기를 '20'으로 지정**합니다.

05 F5 키를 3번 눌러 안쪽 표의 모든 셀을 선택한 후, [서식] 도구 상자의 [가운데 정렬( )]을 클릭합니다. **블록을 해제**한 후 확인합니다.

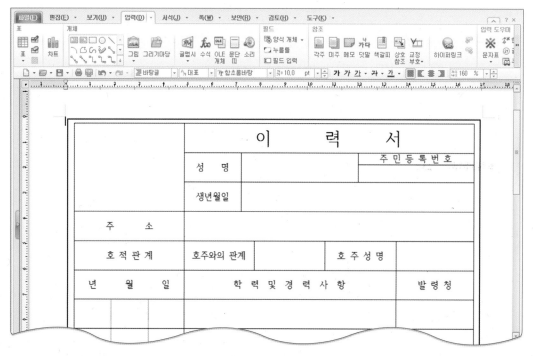

03 그림 삽입과 그림 자르기

01 사진이 삽입될 셀 영역으로 **커서를 이동**한 후 **[입력] 탭–[개체] 그룹–[그림(🖼)]**을 클릭합니다. [그림 넣기] 대화상자가 나타나면 '**여사진.jpg**' 파일을 선택한 후 '**문서에 포함**'과 '**글자처럼 취급**' 항목을 각각 **체크** 표시하고 **[넣기]** 단추를 클릭합니다.

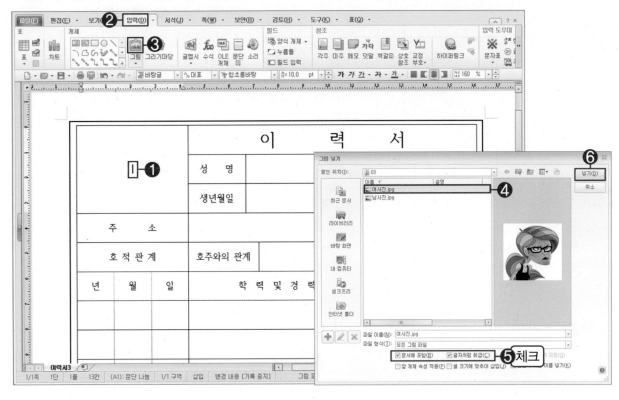

02 그림이 삽입되면 **Shift** 키를 누른 채 아래쪽의 크기 조절점에 마우스 포인터를 위치하여 마우스 포인터가 자르기 모양(┬)으로 변경되면 **위쪽으로 드래그**합니다.

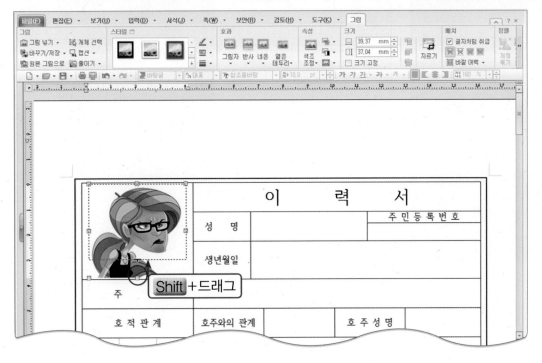

03 드래그한 영역만큼 아래쪽의 그림이 자르기 되면 **그림이 선택된 상태**에서 **[그림] 탭–[속성] 그룹–[밝기(⚙)]를 클릭**한 후 밝게 목록에서 **[+20%]을 선택**합니다.

04 그림의 밝기가 변경되면 **[서식] 도구 상자**에서 **[미리 보기(🖥)]를 클릭**해 이력서 양식을 확인합니다.

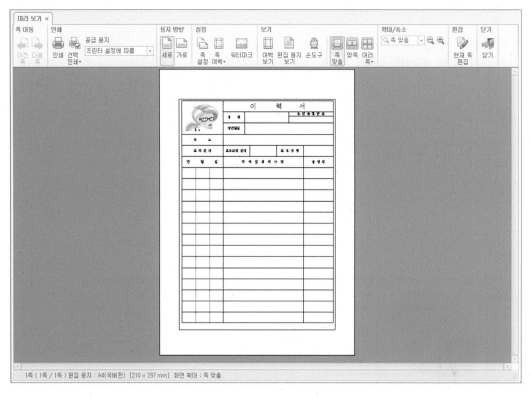

1 그림과 같이 표와 그림 삽입 기능을 이용해 입사지원서 양식을 만들어 봅니다.

🔁 예제파일 : 입사지원서.hwp, 남사진.jpg

- 기본 글자 서식 : 글꼴(새굴림), 글꼴 크기(11pt)
- '입사지원서' 글자 서식 : 글꼴 크기(24pt)

입 사 지 원 서

	성명	한글		주민번호		
		영문		전화번호		
	E-mail			휴대폰번호		
	주소					

	기 간	출신학교	전 공	졸업구분	학점
학력사항					

	교육기관	기간	교육과정명
교육이수			

	회사명	기간	직급	담당업무
경력사항				

	컴퓨터 활용능력	
자격사항	외국어능력	
	자격증	
	기타	

나만의 소식지 만들기

이번 장에서는 누름틀과 필드 입력을 이용해 쉽고 빠르게 원하는 문서 영역에 정보를 입력하는 방법과 함께 다단 설정 및 다단 나누기 기능을 이용해 한 페이지의 특정 영역에만 다단을 설정하여 나만의 소식지를 만드는 방법에 대해 알아보도록 하겠습니다.

낭만할배소식지

제2017-03호
후원)자사모
후원)마을지킴이

| 발행일 : 2017-10-20 | | 연락처 : 031-1234-5678 | | 발행처 : 낭만할배 편집실 |

금쪽같은 손자를 만나다

큰아들과 큰며느리의 늦은 결혼으로 더 간절히 기다리던 금쪽같은 손자가 22일 새벽 세상에 나왔다. 예정일을 지난 탓에 가족들 모두 초조함을 달래며 기다렸는데 다행히도 체중 3.4킬로그램으로 건강하게 태어났다. 병원에 도착해 작은 침대에서 곤히 잠을 자고 있는 손자를 가만히 들여다보니, 큰 아들의 어릴 적 모습을 쏙 빼닮았는지, 커다란 코가 먼저 눈에 들어왔다. 속싸개 밖으로 살며시 빠져나온 앙증맞은 두 개의 발을 보는 것만으로도 이 늙은이의 얼굴엔 웃음이 절로 나오고, 세상에서 내가 해야 할 숙제 하나를 해결한 것 같아 마음까지 편안해졌다. 우리 큰며느리 고생했다. 그리고 우리 손자도 항상 건강하게 잘 자라다오.

▲ 생후 2일 손자발

자전거를 타면 좋은 점

건강과 여유로운 생활을 위해 시작한 전원생활의 또 하나의 재미로 매일 아침 아내와 타는 자전거 산책을 빼놓을 수 없다. 자전거만 있으면 자가용을 이용하지 않아도 가까운 거리의 지인들 집에 마실을 갈 수 있으니 금상첨화다. 아내 역시 자전거를 타기 시작한 후로는 얼굴에 생기가 돌기 시작했다. 나란히 자전거를 탈 때면 얼굴을 스쳐 지나가는 시원한 바람이며, 오순도순 피어있는 이름 모를 들꽃들을 보는 재미. 호주머니 사정 넉넉지 않은 노인에게 맘 편히 즐길 수 있는 오락거리가 아닐 수 없다.

적정체중 유지 관리 방법

▶ 혈당지수(GI)가 높은 음식 피하기

건강한 식단은 설탕, 파스타, 흰쌀밥, 밀가루 음식과 같은 혈당지수가 높은 음식을 피하는 것으로 혈당지수(GI 지수)는 특정식품이 혈류 속에서 얼마나 빨리 당으로 분해되는가를 알려주는 척도로써 혈당지수가 낮은 식품은 식욕을 억제해주면서 체중증가를 막아주고 콜레스테롤 조절에도 도움이 된다.

▶ 세끼 식사를 골고루

뇌에서 포만감을 느끼는데 20~30분이 걸리기 때문에 천천히 씹으면 적게 먹어도 포만감을 느낄 수 있다.

▶ 채소 많이 섭취

채소는 지방질이 거의 없고 비타민과 무기질이 풍부할 뿐 아니라 열량이 낮아 비만 예방과 치료에 효과적이다.

▶ 일상생활 속에서 운동

엘리베이터 대신 계단 오르기, 차 대신 걷기, 청소하기 등 일상생활에서도 운동을 할 수 있는데, 컴퓨터와 TV, 스마트폰은 하루 최대 2시간만 가만히 앉아 있는 습관은 활동량을 줄이고 음식 섭취를 늘릴 수 있으므로 주의해야 한다. 130

무엇을 배울까요?

- ···➔ 누름틀 삽입하기
- ···➔ 필드 입력하기
- ···➔ 다단 설정하기
- ···➔ 그림 배치하기
- ···➔ 문단 간격 지정하기
- ···➔ 캡션 삽입하기

01 누름틀 삽입과 필드 입력하기

사용자 정보 입력과 누름틀 삽입하기

01 '소식지1.hwp' 파일을 열기한 후 [도구] 탭-[설정] 그룹-[환경 설정(⚙)]을 클릭합니다. [환경 설정] 대화상자가 나타나면 **[사용자 정보] 탭**에서 그림과 같이 **정보를 입력**하고 **[설정] 단추를 클릭**합니다.

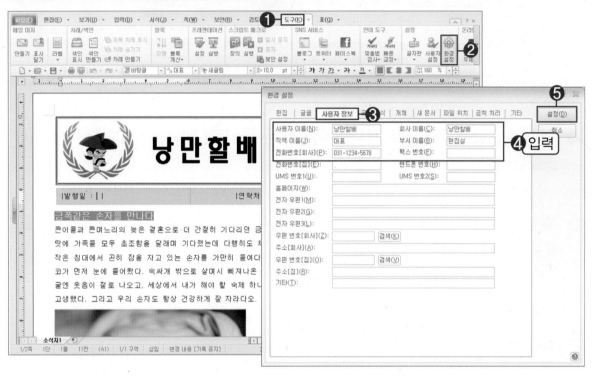

02 '발행일 :' 글자 다음으로 커서를 이동한 후, [입력] 탭-[필드] 그룹-[누름틀(□)]을 클릭합니다.

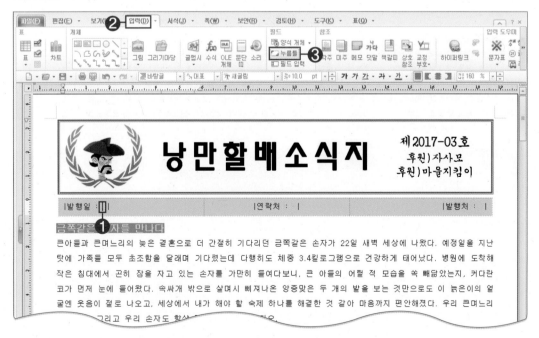

03 '이곳을 마우스로 누르고 내용을 입력하세요.'라는 빨간색 글자가 표시되면 **빨간색 영역을 클릭**하여 '**2017-10-20**'을 **입력**한 후 **빈 공간을 클릭**하여 누름틀 안에 날짜가 입력된 것을 확인합니다.

04 '연락처 :' 글자 다음으로 커서를 이동한 후, [입력] 탭-[필드] 그룹-[누름틀( )]을 클릭합니다.

05 '발행처 :' 글자 다음으로 커서를 이동한 후, [입력] 탭-[필드] 그룹-[누름틀( )]을 클릭합니다.

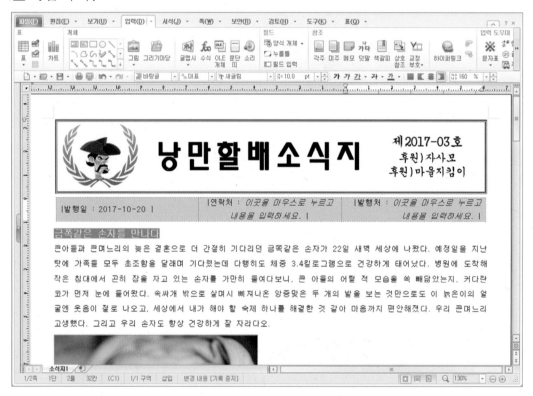

누름틀 고치기

01 **'연락처' 누름틀**의 빨간색 영역에서 **마우스 오른쪽 단추를 클릭**해 **[누름틀 고치기] 바로 가기 메뉴를 선택**합니다.

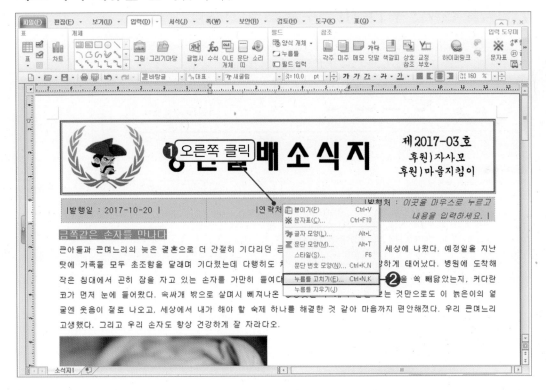

02 **[필드 입력 고치기]** 대화상자가 나타나면 그림과 같이 **안내문과 메모 내용을 입력**한 후 **[고치기] 단추를 클릭**해 빨간색 텍스트가 '연락처 입력'으로 변경된 것을 확인합니다.

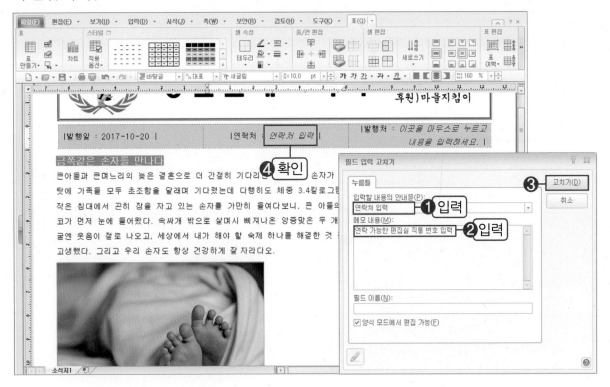

📱 필드 입력으로 내용 입력하기

01 '연락처' 누름틀 안으로 커서를 이동한 후 [입력] 탭-[필드] 그룹-[필드 입력(🔲)]을 클릭합니다. [필드 입력] 대화상자가 나타나면 [사용자 정보] 탭에서 '전화번호 (회사)' 항목을 선택한 후 [넣기] 단추를 클릭합니다.

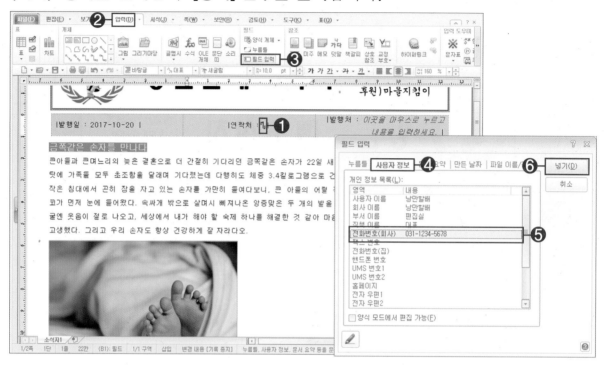

02 환경 설정에서 입력한 전화번호가 '연락처' 누름틀 안에 표시되면 **'발행처' 누름틀 안으로 커서를 이동**한 후, [필드 입력(🔲)]을 클릭합니다. '회사 이름' 항목을 선택한 후 [넣기] 단추를 클릭합니다.

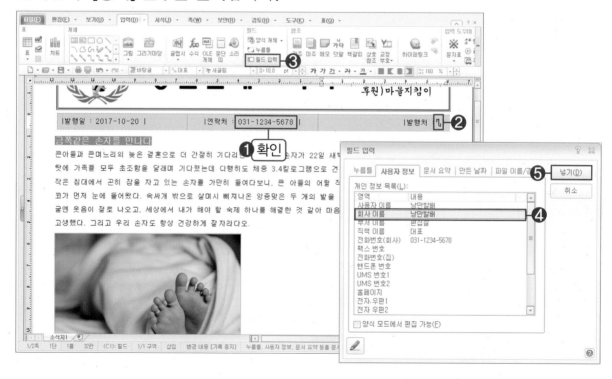

03 '낭만할배'가 입력되면 Spacebar 키를 눌러 한 칸 띄어쓰기를 합니다. 다시 [필드 입력 (□)]을 클릭하여 '부서 이름' 항목을 선택한 후 [넣기] 단추를 클릭합니다.

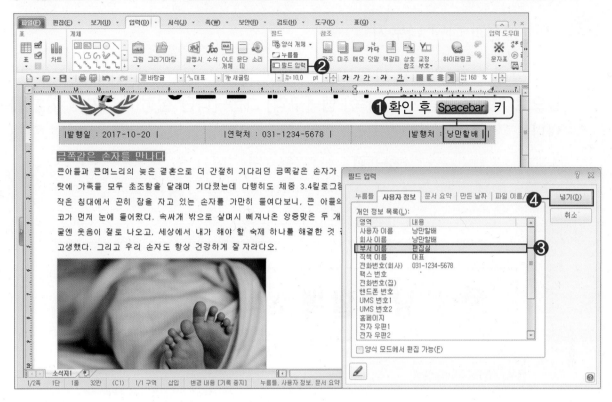

04 '발행처'에 '회사 이름'과 '부서 이름'이 함께 표시되는 것을 확인합니다.

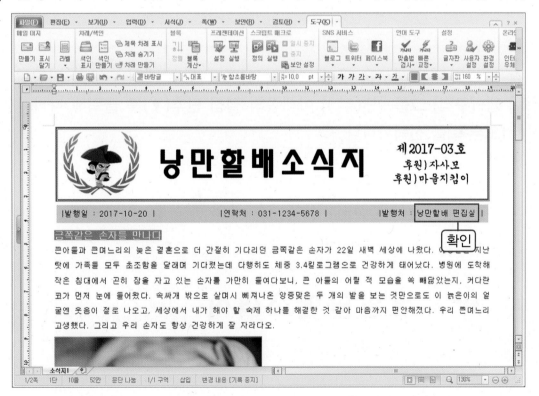

02 다단 설정과 그림 배치하기

 다단 설정과 다단 나누기

01 '낭만할배 편집실' 글자 다음부터 두 개의 다단을 설정하기 위해 **'금쪽같은' 글자 앞으로 커서를 이동**한 후, **[쪽] 탭–[구역] 그룹–[다단 설정 나누기(▒)]를 클릭**합니다.

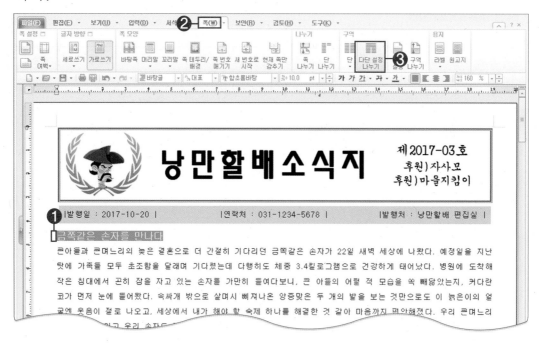

02 '금쪽같은' 글자부터 새로운 다단 영역이 설정되면 두 개의 단으로 변경하기 위해 **[쪽] 탭–[구역] 그룹–[단(▒)]** 아래쪽의 **펼침 단추(▼)를 클릭**해 나타나는 목록에서 **[오른쪽]을 선택**합니다.

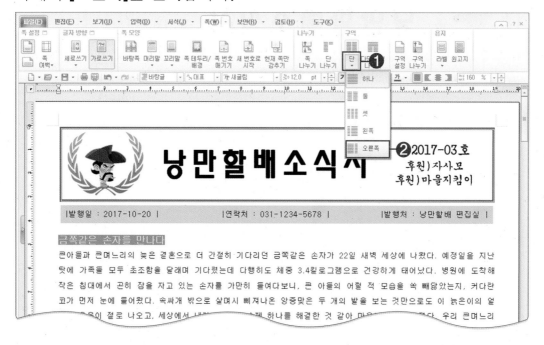

03 '금쪽같은' 글자의 위치부터 넓은 왼쪽과 좁은 오른쪽으로 이루어진 두 개의 단으로 나눠진 것을 확인합니다.

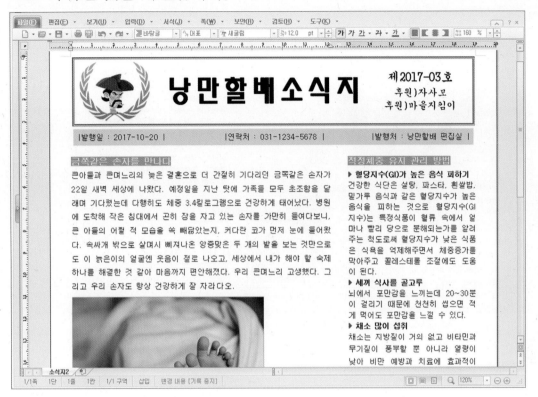

그림 배치 및 여백 지정하기

01 '자전거' 그림을 더블 클릭하여 [개체 속성] 대화상자가 표시되면 [기본] 탭에서 '글자처럼 취급' 항목의 체크 표시를 해제한 후, '어울림(▧)'을 선택하고 [설정] 단추를 클릭합니다.

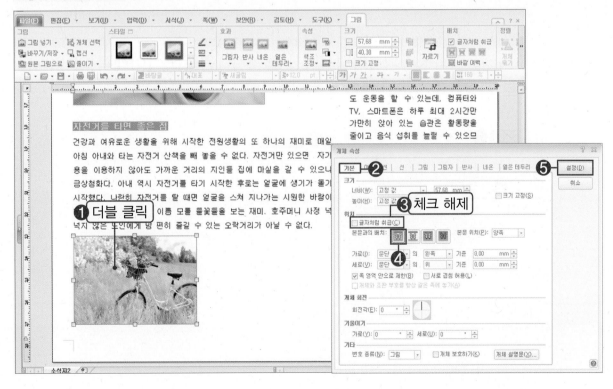

02 '자전거' 그림을 드래그하여 그림과 같이 배치한 후, 다시 **'자전거'** 그림을 더블 클릭합니다.

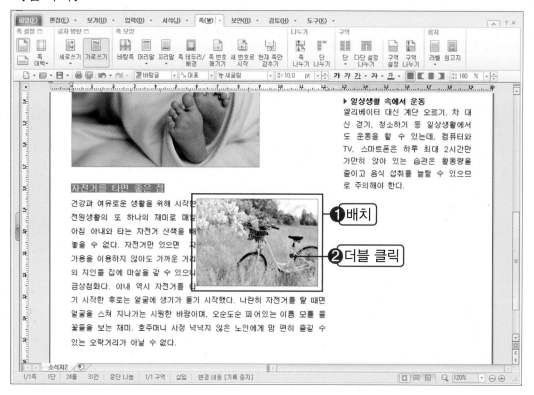

배움터 **[글 뒤로]로 지정한 경우**

[본문과의 배치]에서 '글 뒤로(▦)'를 선택할 경우 그림이 글자 뒤로 배치되면서 마치 배경처럼 꾸밀 수 있습니다.

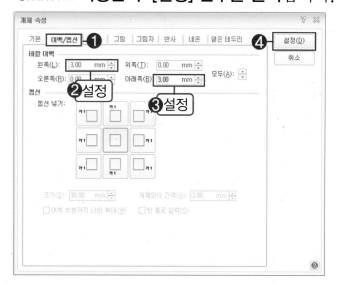

03 [개체 속성] 대화상자의 **[여백/캡션]** 탭에서 **[왼쪽]**과 **[아래쪽]**의 여백을 각각 **'3mm'**로 지정한 후 [설정] 단추를 클릭합니다.

04 글자와 그림 사이에 여백이 적용되면 **'적정체중'** 글자 앞으로 커서를 이동한 후 [쪽] 탭-[나누기] 그룹-[단 나누기(▤)]를 클릭합니다.

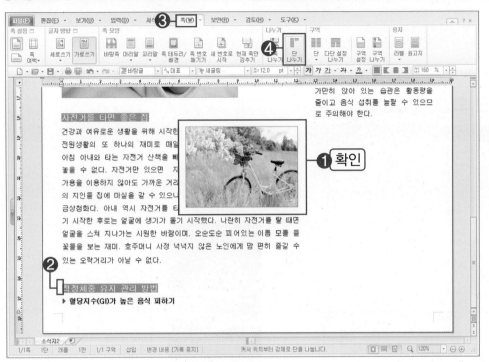

05 '적정체중' 이후의 글자가 오른쪽 단으로 이동되는 것을 확인합니다.

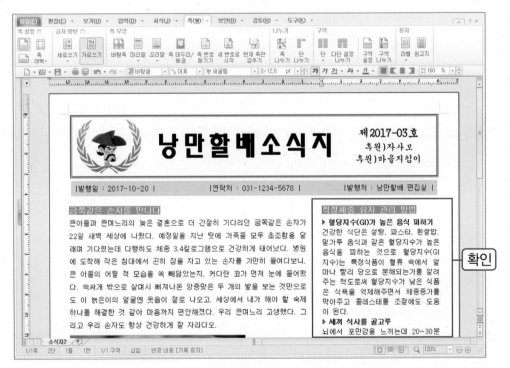

배움터 **[단 나누기] 취소 방법**

단 나누기를 시작한 글자 앞으로 커서를 이동한 후 **Back Spacebar** 키를 누르면 단 나누기가 취소됩니다.

03 문단 간격 지정과 캡션 삽입하기

문단 간격 지정하기

01 '▶ 혈당지수'부터 문서의 마지막 글자까지를 블록 지정한 후, [편집] 탭-[서식] 그룹-[문단 모양(▤)]을 클릭합니다.

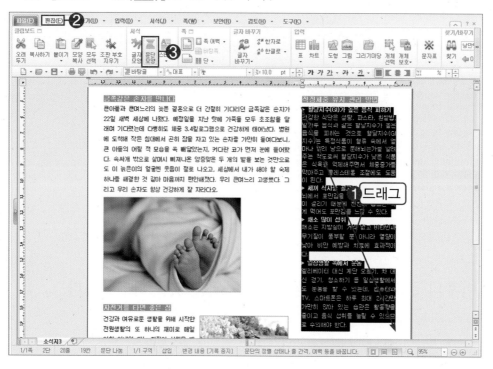

02 [문단 모양] 대화상자가 나타나면 [기본] 탭에서 **[문단 아래]의 값을 '7pt'로 지정**한 후, **[설정] 단추를 클릭**해 문단과 문단 사이에 공간이 만들어진 것을 확인합니다.

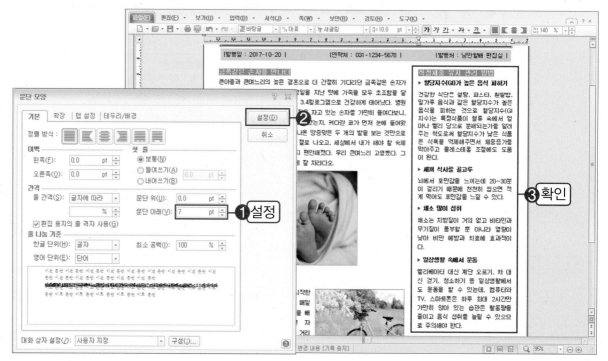

🖱 그림에 캡션 삽입하기

01 '아기' 그림을 **선택**한 후, [그림] 탭-[그림] 그룹-[캡션(🖼)] 오른쪽의 **펼침 단추**
(▼)를 **클릭**해 나타나는 목록에서 [아래]를 **선택**합니다.

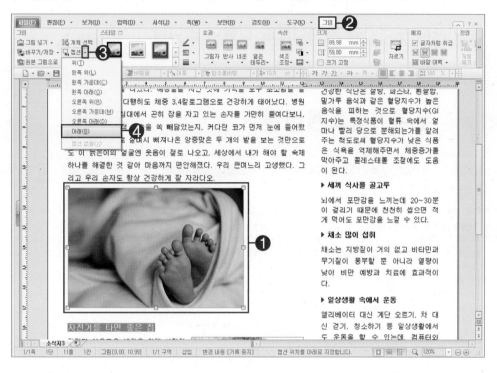

02 '아기' 그림 아래에 **기본 캡션이 표시되면 블록 지정**한 후 '▲ 생후 2일 손자발'로
내용을 변경하고 글꼴은 '새굴림', 크기는 '8pt'로 **지정**하여 **완성**합니다.

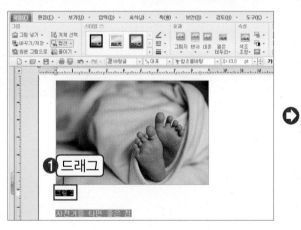 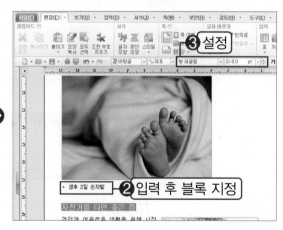

디딤돌학습

1 누름틀을 삽입하여 정보를 입력하고 다단 설정 및 캡션 삽입, 그림 배치 등의 여러 기능을 이용해 우리가족 독서신문을 만들어 봅니다.

📁 예제파일 : 가족신문.hwp

제2017-01호
후원)학교도서관
후원)마을도서관

우리가족독서신문

| 발행일 : 2017-10-20 | 연락처 : 031-1234-5678 | 발행자 : 낭만할배 편집실 |

← 누름틀/필드 입력 사용

엄마의 추천책 '폭풍의 언덕'

1800년대 영국에서는 사촌이나 친척끼리 결혼?

특히 귀족은 자신들의 혈통을 지킨다는 이유로 친척들과 결혼으로 가족관계 복잡

'에밀리 브론테' 원작의 '폭풍의 언덕'이 최근 세계명작으로 입소문이 나면서 초등학생 아이들에게 인기를 끌고 있다고 한다. 하지만 이 책을 읽는 아이들이 등장인물의 관계를 파악하는 부분에서 많은 어려움을 겪고 있다 고한다.

우리나라는사촌이나 친척이라도 서로 사랑하여도 결혼을 할 수 없었지만, 1800년대 유럽은 사촌이나 친척끼리 결혼을 할 수 있었다. 이렇게 유럽은 사촌이나 친척끼리 결혼을 할 수 있었던 이유 중 가장 큰 이유는 귀족들은 자신들의 혈통을 지킨다는 이유로 대부분 친척들과 결혼을 했기 때문이다.

그리고 그때 당시 영국은 부모님의 아이가 태어나면 부모님의 이름을 따서 지었다. 캐서린과 에드거 린턴이 결혼하면 아이가 캐서린 린턴이 되는 것이다.

이후 성실하고, 착한 어린이가 되어서 부모님들의 사랑을 한 몸에 받는다. 그러던 어느 날 새로운 자전거가 보였다. 자전거를 사고 싶은 마음에 지금 까지 힘들게 모았던, 저금통을 깨고, 자전거 아저씨께 돈을 빌렸다.

과연 에릭은 어떻게 될까? 에릭이 마시멜로 유혹에서 빠져나올 수 있을까?

● **호아킴 데 포사다** 원작
● **주경희 엮음**
● **이동승 그림**
● **한국경제신문 출판사**

← 문단 아래 간격 : 7pt

우리가족 독서신문

발행·편집인	낭만할배
편집국장	낭만할배
인쇄인	낭만할배
구독료	무 료
광고	사 절

구독문의 031-1234-5678

• 독서하는 아이 ●

← • 글꼴 : 새굴림
• 글꼴 크기 : 8pt

아빠의 추천책 '어린이 마시멜로 이야기'

장난꾸러기로 살던 에릭은 알바 생을 구한다는 한 광고 글귀를 보았다. 그래서 광고 글귀를 붙인 곳으로 가서 알바를 하게 되었다. 광고 글귀를 붙인 사람은 조나단 할아버지셨다. 조나단 할아버지를 만나고 에릭은 여러 가지를 배웠다.

도움터

① 누름틀과 필드 입력 기능을 이용해 발행일, 연락처, 발행자 입력하기
② '엄마의 추천책' 앞에서 다단 설정 나누기 및 단 설정하기(단 모양 : 오른쪽)
③ '엄마의 추천책' 내용에 문단 아래 간격(7pt) 지정하기
④ 첫 번째 그림에 캡션 추가 및 두 번째 그림의 위치 지정과 왼쪽/아래쪽 여백(3mm) 지정하기
⑤ '이후 성실하고' 텍스트 앞부분부터 다음 단으로 단 나누기

05 건강검진 안내문 만들기

이번 장에서는 문서의 일관성 유지 및 작업의 효율성을 높이기 위해 스타일을 지정한 후 문서에 스타일을 적용하는 방법과 함께 차례 만들기 기능을 이용해 목차를 만들고 각주와 미주를 삽입하여 문서에 부연 설명을 추가하는 방법에 대해 알아보도록 하겠습니다.

차례

1. 일반건강검진

가. 대상자 선정
- 일반건강검진 대상자는 지역세대주, 직장가입자 및 만 40세 이상 세대원과 피부양자
- 매 2년마다 1회, 비사무직은 매년 실시
- 만 40세, 66세는 생애전환기건강진단 대상자로 건강검진 대상에서 제외

나. 건강검진표 발송 및 수령
- 검진표를 분실 또는 수령치 못한 경우에는 가까운 지사에서 건강검진 대상자 확인서를 발급 받을 수 있습니다.
- 직장가입자의 경우 해당 사업장으로 통보됩니다.

다. 1차 건강진단
- 진찰, 상담, 신장, 체중, 허리둘레, 체질량지수[1], 시력, 청력, 혈압측정
- 총콜레스테롤, HDL콜레스테롤, LDL콜레스테롤, 트리글리세라이드
- AST(SGOT), ALT(SGPT), 감마지티피
- 공복혈당
- 요단백[2], 혈청크레아티닌, 혈색소
- 흉부방사선촬영
- 구강검진
- KDSQ-P 선별검사(치매선별검사:만 70,74세만 해당)

라. 1차 건강진단 결과 통보
- 1차 건강검진 후 15일 이내 검진기관에서 주소지로 발송
- 건강위험평가(HRA)
- 1차 검진 결과 질환의심자에게 2차 검진 실시

마. 2차 건강진단 접수
- 1차 건강진단 결과 통보서 확인
- 1차 검진 결과 고혈압, 당뇨병 질환의심자로 판정된 자 및 만 70세와 74세 1차 검진 수검자 중 인지기능장애[3] 고위험군

바. 2차 건강진단
- 건강검진 진찰, 상담
- 1차검진 결과 고혈압 질환의심자 : 혈압측정

[1] 키와 몸무게를 이용하여 지방의 양을 추정하는 비만 측정법
[2] 소변에 단백질이 섞여 나오는 것

 무엇을 배울까요?

···▶ 스타일 편집하기   ···▶ 각주 삽입하기

···▶ 스타일 지정하기   ···▶ 미주 삽입하기

···▶ 차례 만들기

01

스타일 지정과 적용하기

'개요 1' 스타일 지정하기

01 **'검진안내1.hwp' 파일을 열기**한 후, 3쪽의 **'일반건강검진' 글자를 블록 지정**합니다. [서식] 도구 상자에서 스타일이 적용되지 않은 '바탕글'로 스타일이 표시되면 '바탕글' 스타일을 다른 스타일로 변경하기 위해 **[서식] 탭-[스타일] 그룹의 [자세히(**⊡**)]를 클릭**합니다.

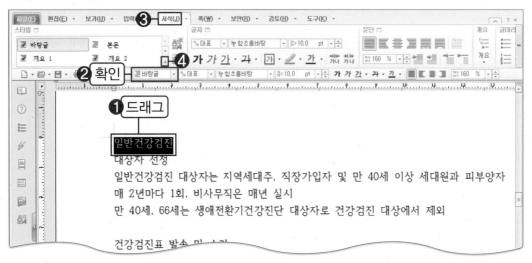

02 목록에서 **[스타일]을 선택**합니다. [스타일] 대화상자가 나타나면 스타일 목록에서 **'개요 1'을 선택**한 후, **[스타일 편집하기(**✎**)] 단추를 클릭**합니다.

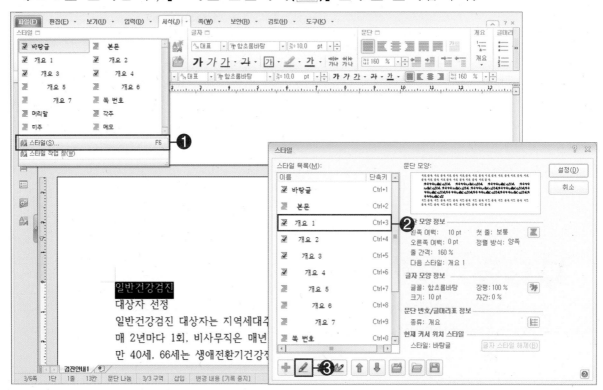

03 [스타일 편집하기] 대화상자에서 [문단 모양] 단추를 클릭합니다. [문단 모양] 대화상자가 표시되면 [테두리/배경] 탭에서 테두리 종류(얇고 굵은 이중선)와 굵기 (0.5 mm), 색(검은 바다색)을 각각 지정합니다. [위쪽]의 간격을 '3mm'로 지정하고 [설정] 단추를 클릭합니다.

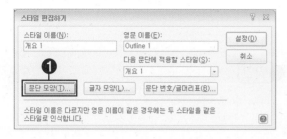

04 [스타일 편집하기] 대화상자에서 [글자 모양] 단추를 클릭합니다. [글자 모양] 대화상자가 표시되면 [기본] 탭에서 크기(25pt), 글꼴(휴먼엑스포), 글자 색(검은 바다색)을 각각 지정한 후 [설정] 단추를 클릭합니다. 다시 [스타일 편집하기] 대화상자에서 [설정] 단추를 클릭합니다.

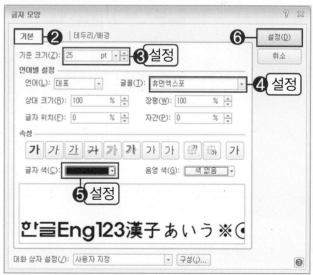

05 [스타일] 대화상자에서 적용한 [문단 모양 정보]와 [글자 모양 정보]를 확인한 후, **[설정] 단추를 클릭**합니다.

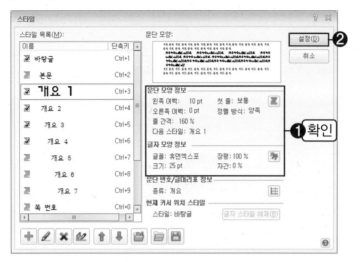

06 3쪽의 '일반건강검진' 글자에 스타일이 적용된 것을 확인합니다.

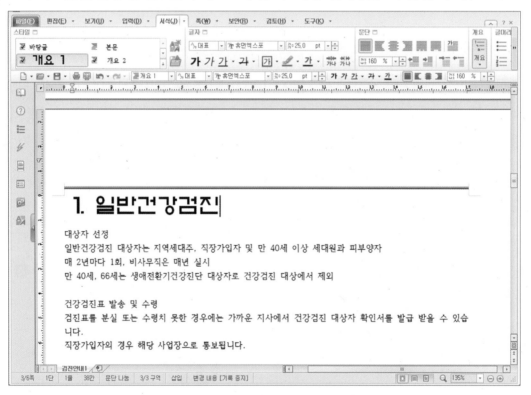

배움터 스타일이란?

스타일은 긴 문서에서 문서의 일관성을 유지하기 위해 글자 모양이나 문단 모양, 글머리표 등의 서식을 미리 만든 후 필요할 때 선택만으로 쉽게 편집 작업을 할 수 있도록 하는 기능입니다. 한글 2010에서는 몇 개의 스타일 종류를 기본적으로 제공하고 있으며, 이는 사용자가 필요에 따라 변경하거나 추가 또는 제거할 수 있습니다.

07 '개요 1' 스타일이 이미 적용되어 있던 4쪽의 '암검진'과 5쪽의 '생애전환기건강 진단' 글자를 살펴봅니다. 변경된 '개요 1'의 스타일이 적용된 것을 확인합니다.

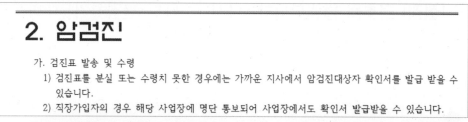

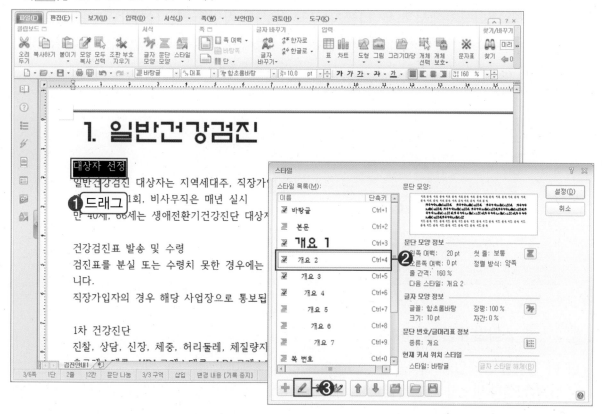

'개요 2'와 '개요 3' 스타일 지정하기

01 3쪽의 '대상자 선정' 글자를 블록 지정합니다. F6 키를 눌러 [스타일] 대화상자 가 나타나면 스타일 목록에서 '개요 2'를 선택한 후, 아래쪽에서 [스타일 편집하 기(✎)] 단추를 클릭합니다.

02 [스타일 편집하기] 대화상자에서 **[글자 모양] 단추를 클릭**합니다. [글자 모양] 대
화상자가 표시되면 [기본] 탭에서 **크기(15pt), 글꼴(휴먼모음T), 자간(10%)을 각
각 지정**한 후 **[설정] 단추를 클릭**합니다. 다시 [스타일 편집하기] 대화상자에서
[설정] 단추를 클릭합니다.

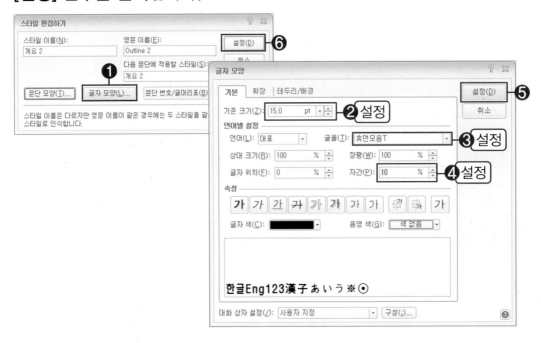

03 [스타일] 대화상자에서 적용한 [글자 모양 정보]를 확인한 후, **[설정] 단추를 클릭**합니다.

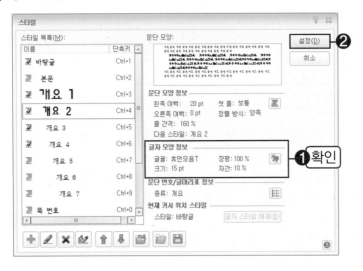

배움터 스타일 수정 및 삭제 방법

한 번 적용한 스타일의 서식을 변경하려면 스타일 목록에서 수정을 원하는 스타일을 선택한 후
[스타일 편집하기(✐)] 단추를 클릭해 서식을 변경할 수 있습니다. [스타일 지우기(✖)] 단추를 클
릭하면 스타일이 삭제됩니다.

04 3쪽의 '대상자 선정' 글자와 이후 '개요 2' 스타일이 적용된 부분이 자동으로 변경된 것을 확인합니다.

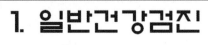

1. 일반건강검진

가. 대상자 선정

일반건강검진 대상자는 지역세대주, 직장가입자 및 만 40세 이상 세대원과 피부양자

나. 1차 건강진단 결과 통보

1) 1차 건강검진 후 15일 이내 검진기관에서 주소지로 발송
2) 건강위험평가(HRA)
3) 1차 검진 결과 질환의심자에게 2차 검진 실시

다. 2차 건강진단 접수

05 3쪽의 글자를 그림과 같이 블록 지정합니다. **F6** 키를 눌러 [스타일] 대화상자가 나타나면 스타일 목록에서 **'개요 3'을 선택**한 후, [스타일 편집하기(✎)] 단추를 클릭합니다.

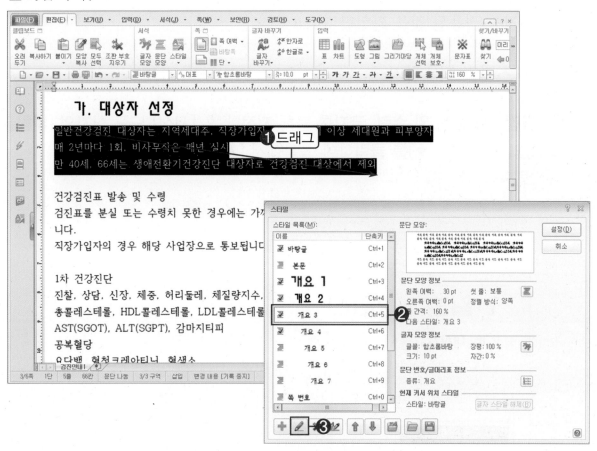

06 [스타일 편집하기] 대화상자에서 [문단 번호/글머리표] 단추를 클릭합니다. [문단 번호/글머리표] 대화상자가 나타나면 [그림 글머리표] 탭에서 **원하는 모양을 선택**한 후 [설정] 단추를 클릭합니다. 다시 [스타일 편집하기] 대화상자에서 [설정] 단추를 클릭합니다.

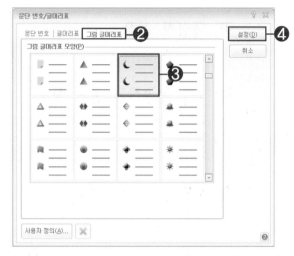

07 [스타일] 대화상자에서 **[설정] 단추를 클릭**합니다. 선택한 영역 앞에 글머리표가 삽입된 것을 확인합니다. '개요 3' 스타일이 적용되어 있던 부분도 변경된 스타일로 자동 적용된 것을 확인합니다.

개요 스타일 적용하기

01 '건강검진표 발송 및 수령' 글자를 블록 지정한 후 [서식] 도구 상자의 [바탕글] 스타일의 펼침 단추(▼)를 클릭하여 목록에서 [개요 2]를 선택합니다.

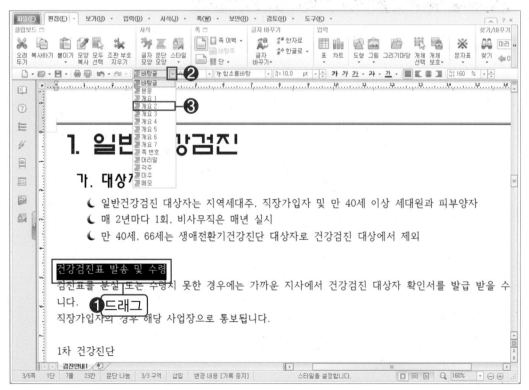

02 '건강검진표 발송 및 수령' 글자에 선택한 스타일이 적용되면 **그림과 같이 글자를 블록 지정**한 후 [서식] 도구 상자의 [바탕글] 스타일의 펼침 단추(▼)를 클릭하여 목록에서 [개요 3]을 선택합니다.

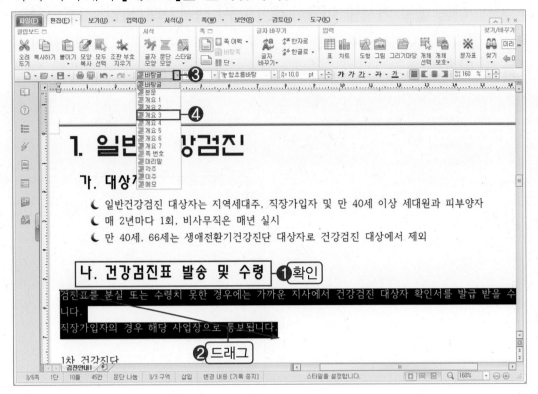

03 선택한 영역에 '개요 3' 스타일이 적용되면 같은 방법으로 **나머지 글자도 블록 지정**한 후 [서식] 도구 상자에서 **스타일을 적용**합니다.

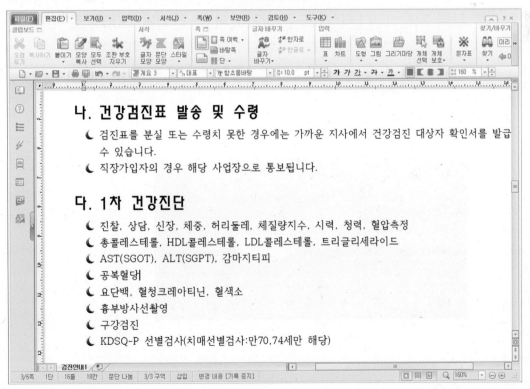

02 차례 만들기

01 2쪽의 '차례' 다음 줄로 커서를 이동한 후 [도구] 탭-[차례/색인] 그룹-[차례 만들기(📋)]를 클릭합니다. [차례 만들기] 대화상자가 표시되면 **그림과 같이 지정**한 후 **[만들기] 단추를 클릭**합니다.

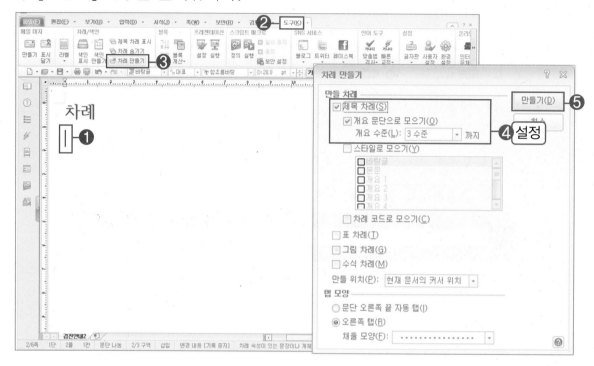

02 현재 커서 위치에 차례가 자동으로 만들어지면 〈**제목 차례**〉 글자를 삭제한 후 **전체 차례를 블록 지정**하여 [서식] 도구 상자에서 줄 간격을 '**300%**'로 지정합니다.

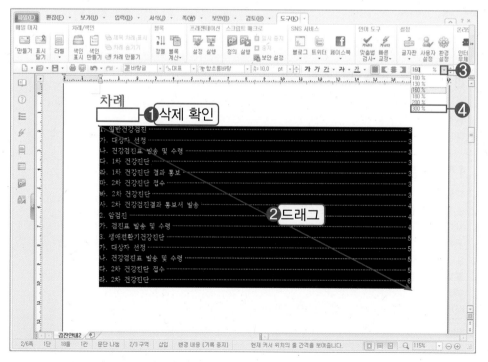

03 Esc 키를 눌러 블록을 해제한 후, 줄 간격이 넓게 변경된 것을 확인합니다.

03 각주와 미주 삽입하기

각주 삽입하기

01 3쪽의 '체질량지수' 글자 다음으로 커서를 이동한 후 [입력] 탭-[참조] 그룹-[각주(■)]를 클릭합니다.

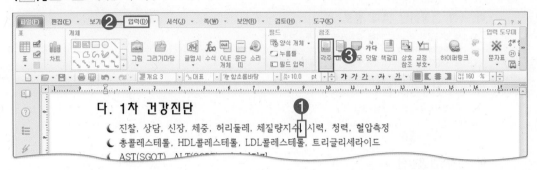

02 3쪽 아래에 각주를 입력할 수 있는 영역과 함께 커서가 깜박이면 **각주 내용을 입력**한 후, **글꼴 서식을 변경**하고 [주석] 탭-[닫기] 그룹-[닫기(■)]를 클릭합니다.

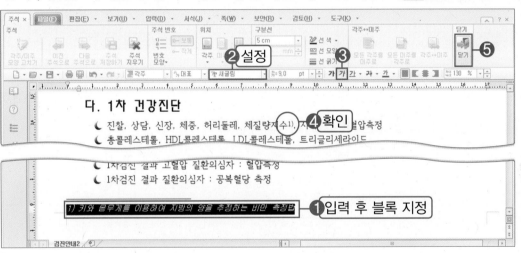

03 같은 방법으로 **3쪽의 '요단백'에 두 번째 각주를 삽입**합니다.

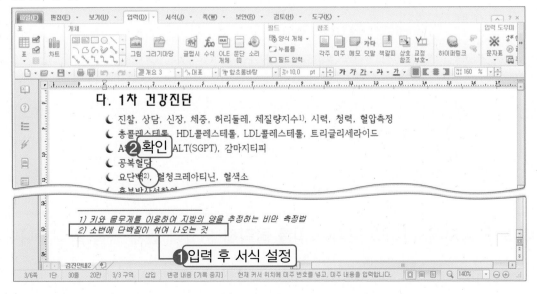

미주 삽입하기

01 '인지기능장애' 글자 다음으로 커서를 이동한 후 [입력] 탭-[참조] 그룹-[미주(🖵)]를 클릭합니다.

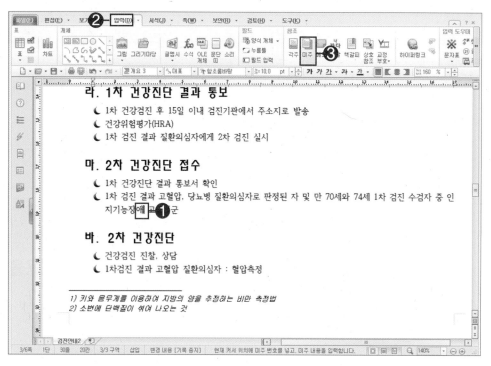

02 문서의 마지막 페이지인 6쪽 아래에 커서가 깜박이면 **미주 내용을 입력**한 후, [주석] 탭-[닫기] 그룹-[닫기(➡)]를 클릭합니다.

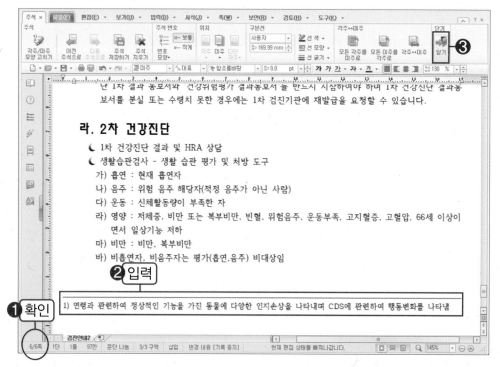

03 [서식] 도구 상자에서 [미리 보기(🖵)]를 클릭해 문서의 전체 쪽을 확인합니다.

1 '개요 1'에 문단 모양과 글자 모양, '개요 3'에 글머리표를 각각 적용하여 스타일을 편집한 후 나머지 문서 영역에 스타일을 적용하고 각주를 삽입해 봅니다.

💾 예제파일 : 계약서.hwp

〈개요3〉 스타일
글머리표 적용

〈개요 1〉 스타일
• 테두리 굵기 : 0.4mm
• 테두리 색 : 루비색
• 글꼴 : 휴먼명조
• 크기 : 12
• 속성 : 진하게

각주
• '귀책사유' 입력 내용 : 책임져야 하는 사유라는 민법상의 개념
• '손해배상' 입력 내용 : 위법한 행위에 의하여 타인에게 끼친 손해를 손해가 없었던 것과 동일한 상태로 복귀시키는 일

표준하도급 기본계약서

1. 제 1 조 (계약의 변경)
　가. 갑과 을은 상호 합의에 의하여 개별 계약의 내용을 변경할 수 있으며, 이 경우 갑은 변경내용의 사실을 기재한 서면을 을에게 교부하기로 한다.
　나. 갑은 발주자의 요청에 의하여 공사내용을 변경하거나 추가시공이 필요하다고 인정될 경우 변경 계약서를 사전에 을에게 교부하여야 한다.
　다. 제1항의 계약변경에 따라 손해가 발생한 경우의 처리는 다음 각호에 따른다.
　　☑ 을은 갑의 귀책사유1)로 손해가 발행한 경우 갑에게 손해배상2)을 청구할 수 있다.
　　☑ 갑은 을의 귀책사유로 손해가 발생한 경우 을에게 손해배상을 청구할 수 있다.
　　☑ 갑과 을 쌍방에 귀책사유로 인해 손해가 발생한 경우 서로 귀책사유가 있는 부분에 대해 상계하고 귀책사유가 적은 당사자가 귀책사유가 큰 당사자에게 손해배상을 청구할 수 있다.
　　☑ 갑과 을 쌍방 어느 쪽에도 귀책사유가 없음에도 손해가 발생한 경우 갑과 을은 상호 협의하여 정한다.

2. 제 2 조 (기본원칙)
　가. 갑과 을은 기본계약 및 기본계약에 따른 개별적인 부속계약(이하 "개별 계약"이라 한다)을 상호 대등한 지위에서 상호 합의에 의해 공정하게 계약을 체결하고 거래는 상호이익 존중 및 신의에 따라 성실히 이행하여야 한다.
　나. 갑과 을은 기본계약의 이행에 있어서 하도급 거래 공정화에 관한 법률, 독점 규제 및 공정 거래에 관한 법률 및 관련법령의 제규정을 준수하여야 한다.

3. 제 3 조 (기본계약 및 개별 계약)
　가. 기본계약은 갑과 을간의 조선하도급 거래계약에 관한 기본 사항을 정한 것으로 별도의 약정이 없는 한 개개의 개별 계약에 적용된다.
　나. 개별 계약은 기본계약에 규정되지 아니한 사항을 보완하는 것으로 기본계약과 개별 계약의 내용이 상호 상충될 시에는 개별 계약이 기본계약에 대해 우선적 효력을 갖는다.

4. 제 4 조 (개별 계약의 내용)
　가. 개별 계약에는 공사명, 시공내역, 물량, 단가, 공사기간, 사급재의 범위, 검사방법 및 시기, 계약 금액, 대금지급조건, 기타 발주조건 등을 기재하여야 한다. 다만, 그 내용이 기본계약에 있을 때에는 그러하지 아니하다.
　나. 갑과 을은 전항의 규정에도 불구하고 개별 계약 내용의 일부를 상호 협의하여 미리 부속 협정서 등을 정할 수 있다.

5. 제 5 조 (개별 계약의 성립)
　가. 개별 계약은 갑이 제3조의 거래내용을 기재한 발주서를 교부하고 을이 이를 수락함으로써 성립한다. 단, 을은 수락거부 의사가 있을 때에는 갑의 발주서(전자문서 포함)를 접수한 날부터 10일 이내에 거부 의사표시를 문서로 통지하여야 하며, 이 기간 내에 거부 의사표시를 하지 않을 경우에는 계약이 성립한 것으로 본다.

---
1) 책임져야 하는 사유라는 민법상의 개념
2) 위법한 행위에 의하여 타인에게 끼친 손해를 손해가 없었던 것과 동일한 상태로 복귀시키는 일

도움터

① '제 1 조 (계약의 변경)' 글자를 블록 지정한 후 '개요 1'의 스타일 수정, 적용하기
② 글머리표를 적용할 영역을 블록 지정한 후 '개요 3'의 스타일 수정, 적용하기
③ 개요가 적용되지 않은 글자에 스타일 적용하기
④ '귀책사유'와 '손해배상'에 각주 달기
⑤ 미리 보기에서 결과 확인하기

06 청첩장 만들기

이번 장에서는 다양한 채우기 색과 그림을 이용해 전통 문양을 만드는 방법, 글자를 그림 형식으로 저장하여 다양한 그림 효과를 적용하는 방법, 칸 단위로 블록을 지정하여 해당 칸에만 줄 간격을 지정하거나 들여쓰기를 지정하여 청첩장을 만드는 방법에 대해 알아보도록 하겠습니다.

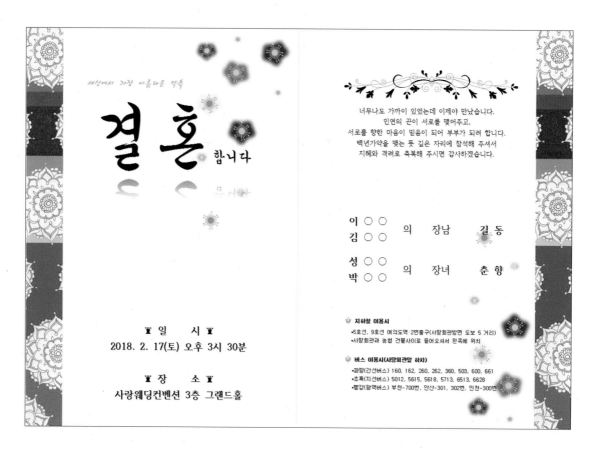

 무엇을 배울까요?

- ⋯ 색상 테마 변경하기
- ⋯ 그림 색조 조정하기
- ⋯ 그림으로 저장하기

- ⋯ 그림 효과 지정하기
- ⋯ 줄 간격 지정하기
- ⋯ 들여쓰기 지정하기

전통 느낌의 문양 만들기

🖱 색상 테마로 채우기 색 지정하기

01 '청첩장1.hwp' 파일을 열기한 후 **왼쪽 위의 직사각형 도형이 선택된 상태**에서 **[도형] 탭–[스타일] 그룹–[채우기(🖌)]** 오른쪽의 **펼침 단추(▼)를 클릭**해 색 목록이 표시되면 **[색상 테마(▣)]–[바다]를 선택**합니다.

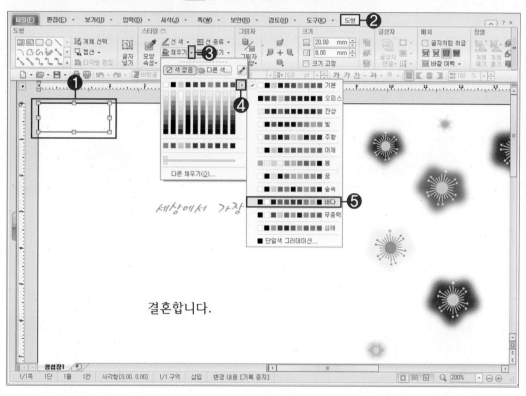

02 채우기 색 목록이 선택한 '바다' 테마로 변경되면 **[(RGB:9,46,153)]을 선택**합니다.

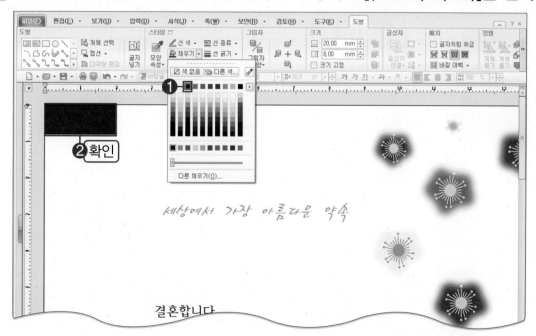

03 [도형] 탭-[스타일] 그룹-[선 종류(▦)]를 클릭해 선 종류 목록이 표시되면 [선 없음]을 선택합니다.

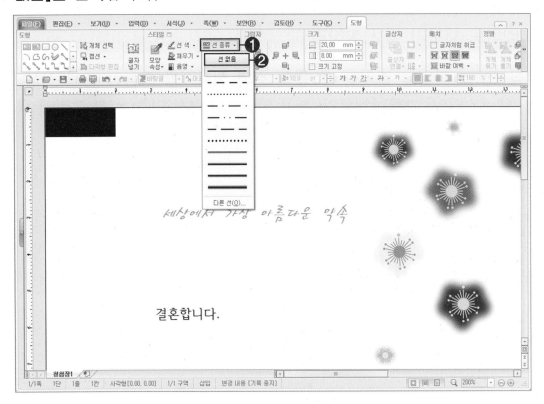

04 직사각형 도형을 **Ctrl** 키를 누른 채 아래로 드래그하여 도형이 복사되면 그림과 같이 높이 값을 '26mm'로 지정한 후 [채우기 색(▨)] 오른쪽의 펼침 단추(▼)를 클릭해 나타나는 목록에서 [(RGB:12,134,203)]을 선택합니다.

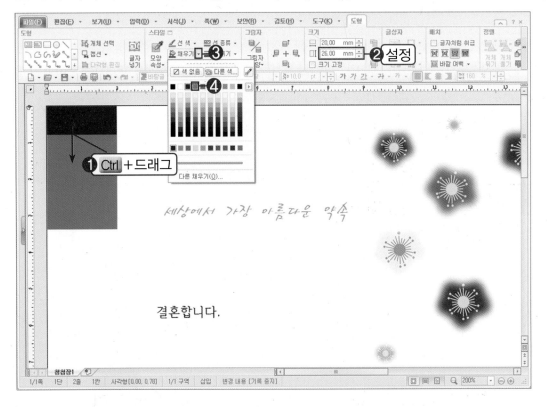

05 같은 방법으로 **도형을 복사**하여 도형의 **높이와 채우기 색을 자유롭게 지정**합니다.

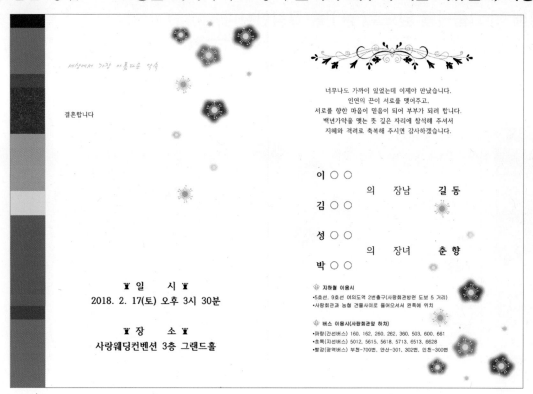

🖱 그림 자르기와 회색조 지정하기

01 [편집] 탭–[입력] 그룹–[그림(🖼)]을 클릭하여 [그림 넣기] 대화상자가 나타나면 '패턴.png' 파일을 선택한 후 '문서에 포함' 항목만 체크 표시하고 [넣기] 단추를 클릭합니다.

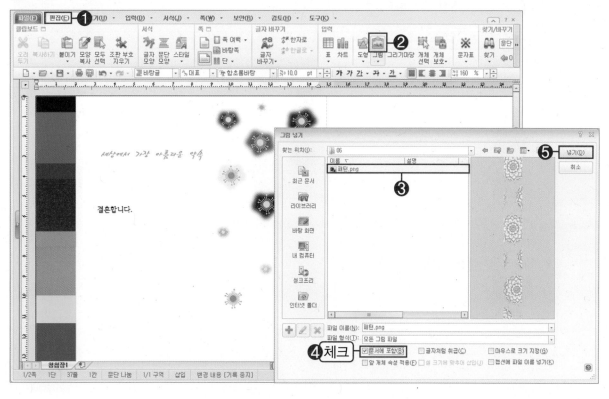

02 '패턴' 그림이 삽입되면 앞에서 작업한 **직사각형 도형들 위로 이동**한 후 **[그림]** 탭-[배치] 그룹-[글 앞으로(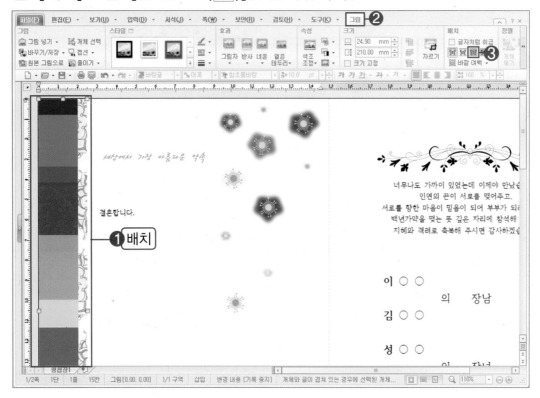)]를 클릭합니다.

03 그림이 도형 앞으로 배치되면 **Shift 키를 누른 채** 오른쪽 중앙의 **크기 조절점을 왼쪽으로 드래그**하여 직사각형 너비와 같아지도록 오른쪽을 자릅니다.

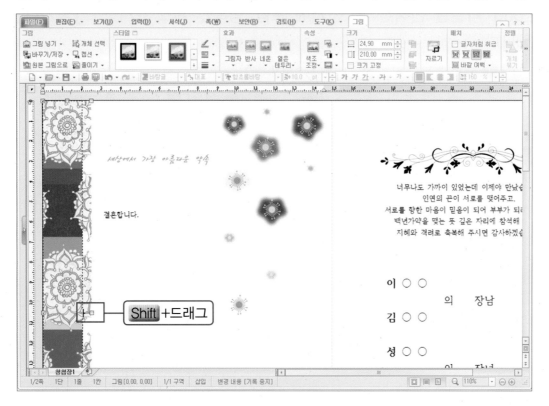

04 '패턴' 그림이 선택된 상태에서 **[그림] 탭-[속성] 그룹-[색조 조정( )]]-[회색조]** 를 클릭합니다.

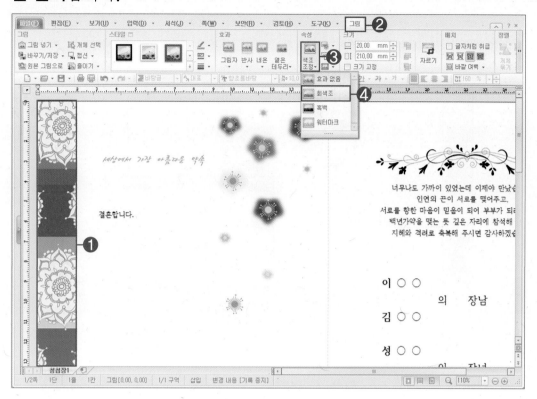

05 그림의 색상이 변경되면 그림이 선택된 상태에서 **[그림] 탭-[그림] 그룹-[개체 선택( )]을 클릭**하여 마우스 포인터 모양이 변경( )되면 **모든 직사각형 도형과 그림이 선택되도록 그림과 같이 드래그**합니다.

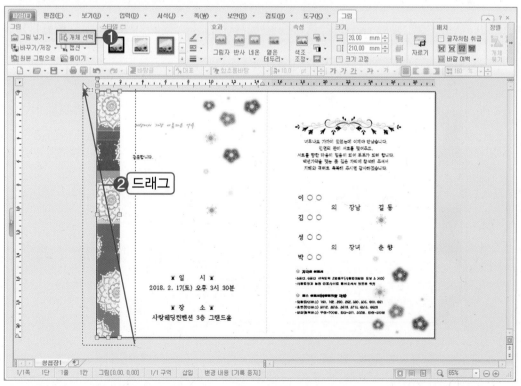

06 모든 직사각형 도형과 그림이 선택되면 **[도형] 탭–[정렬] 그룹–[개체 묶기( )]** 를 클릭합니다. [개체 묶기] 대화상자가 나타나면 **[실행] 단추를 클릭**합니다.

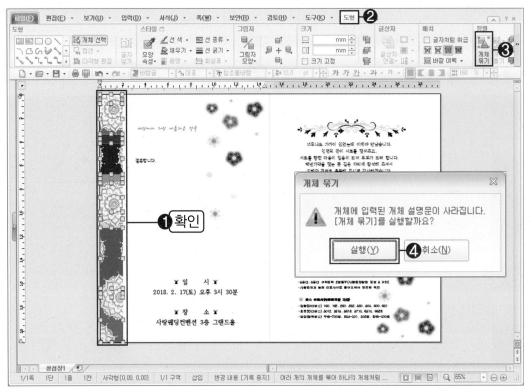

07 하나의 도형으로 묶이면 Ctrl 키와 Shift 키를 누른 채 **오른쪽으로 드래그**하여 복사를 합니다.

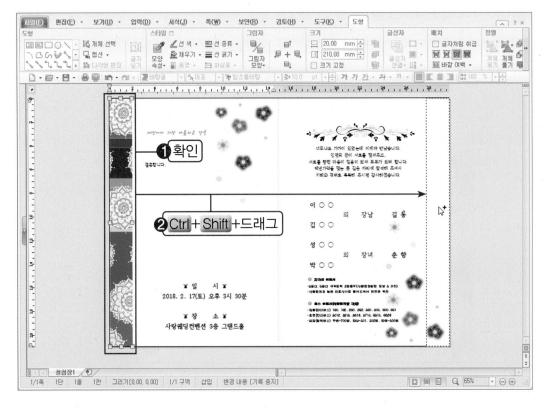

예제파일 : 청첩장2.hwp

02 그림으로 저장과 그림 효과 지정하기

글상자를 그림으로 저장하기

01 '결혼합니다' 글자를 블록 지정한 후 [편집] 탭-[서식] 그룹-[글자 모양(🎨)]을 클릭합니다. [글자 모양] 대화상자가 나타나면 [기본] 탭에서 **크기, 글꼴, 자간**을 지정한 후 [설정] 단추를 클릭합니다.

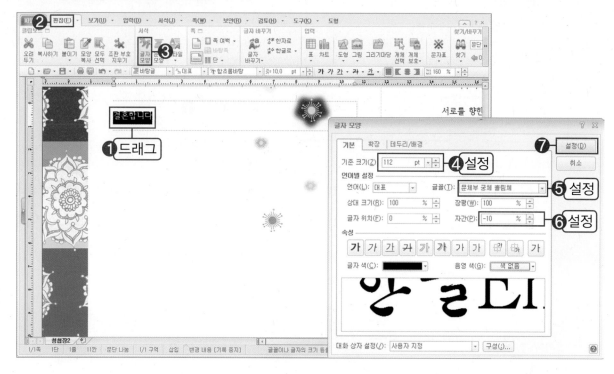

02 다시 '합니다' 글자만 크기를 '24pt'로 지정한 후, 글상자가 선택된 상태에서 마우스 오른쪽 단추를 클릭해 [그림 파일로 저장] 바로 가기 메뉴를 선택합니다.

03 [그림으로 저장하기] 대화상자가 나타나면 **파일 이름을 '텍스트'로 입력**하고 **파일 형식을 'JPG(*.jpg)'로 지정**한 후 **[저장] 단추를 클릭**합니다.

04 기존의 **'결혼합니다' 글상자를 선택**한 후 Delete 키를 눌러 글상자를 삭제합니다. **[입력] 탭-[개체] 그룹-[그림(🖼)]을 클릭**하여 **'텍스트.jpg' 파일을 삽입**합니다.

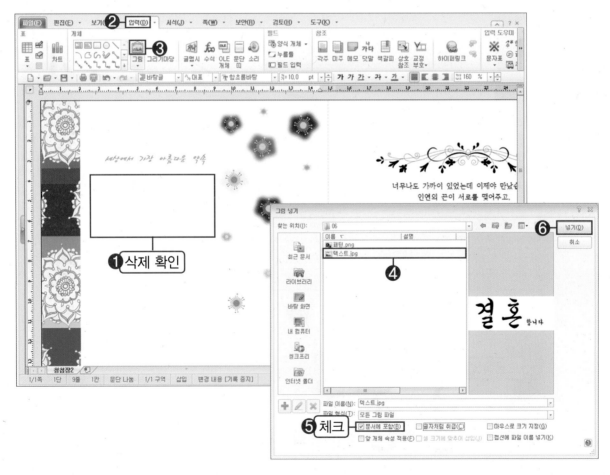

반사와 옅은 테두리 효과 지정하기

01 '결혼합니다' 텍스트가 그림으로 삽입되면 그림과 같이 **크기와 위치를 지정**한 후, **[그림] 탭–[효과] 그룹에서 [반사(　)]–[1/3 크기, 근접]을 선택**합니다.

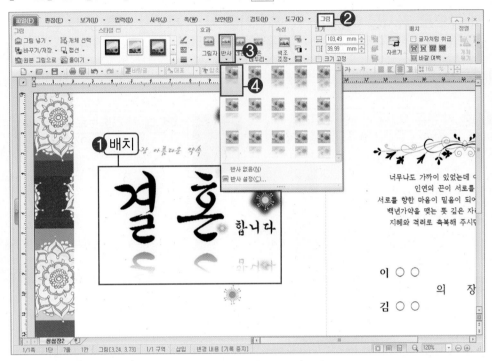

02 '결혼합니다' 텍스트 그림에 반사 효과가 적용되면 **[효과] 그룹–[옅은 테두리 (　)]–[20pt]를 선택**합니다.

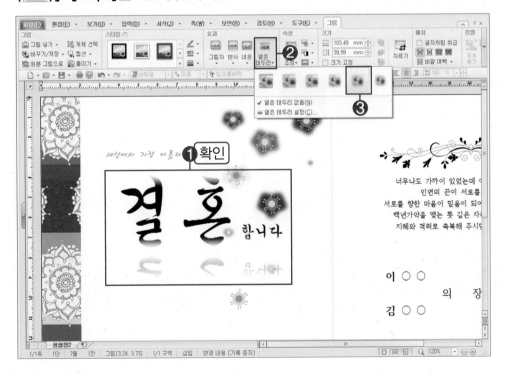

줄 간격과 들여쓰기 지정하기

🖱 칸 단위 블록으로 줄 간격 지정하기

01 '이○○' 글자 앞으로 커서를 이동한 후, **F4 키를 누른 후 → 키를 다섯 번** 누릅니다. '이○○' 글자만 블록 지정되면 **↓ 키를 두 번** 눌러 칸 단위로 블록이 지정되는 것을 확인합니다.

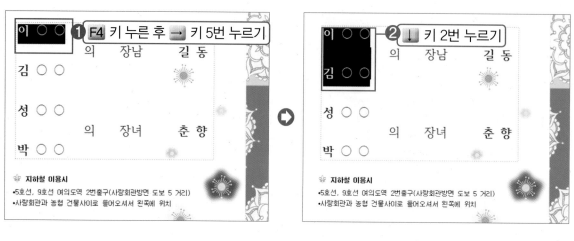

02 **[서식] 도구 상자**에서 **줄 간격을 '80%'로 수정**하여 칸 단위로 블록 지정된 영역에만 줄 간격이 적용된 것을 확인합니다.

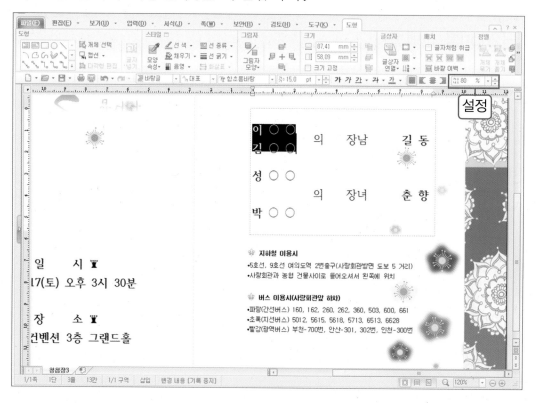

03 같은 방법으로 '성○○'과 '박○○'의 글자만 블록 지정한 후 줄 간격을 '80%'로 지정합니다.

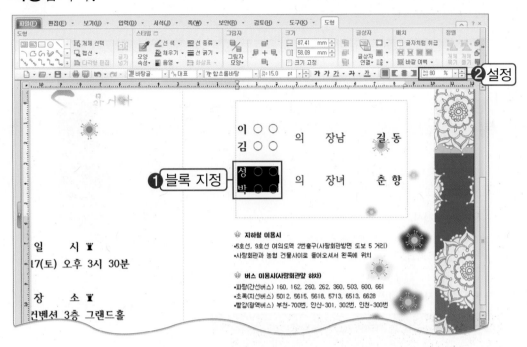

들여쓰기 지정하기

01 그림과 같이 **블록을 지정**한 후 **[편집] 탭-[서식] 그룹-[문단 모양(▤)]을 클릭**합니다. [문단 모양] 대화상자가 나타나면 [기본] 탭에서 **들여쓰기 값을 '10pt'로 지정**한 후 **[설정] 단추를 클릭**합니다.

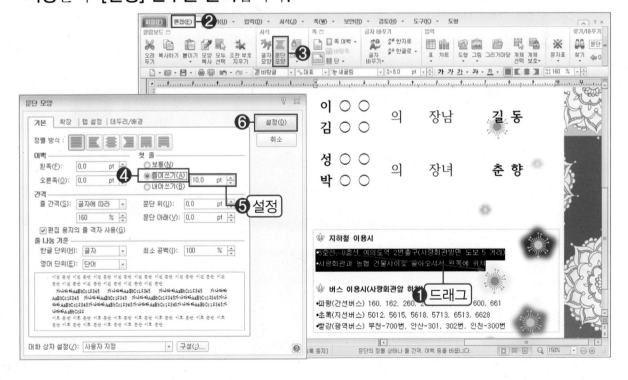

02 블록 지정한 영역의 글자가 오른쪽으로 들여쓰기 되면 아래쪽의 글자도 그림과 같이 **블록 지정한 후 가로 눈금자에서 첫 줄 시작 위치(▽) 표식을 오른쪽으로 드** 래그합니다.

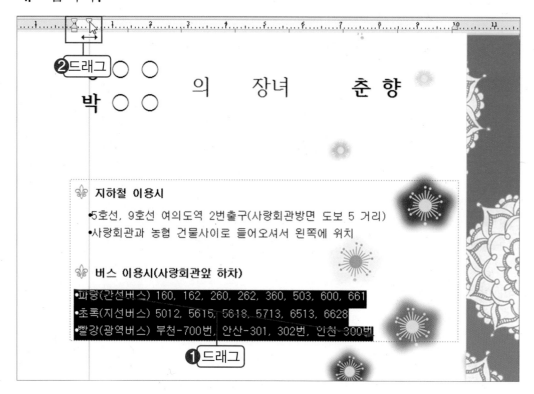

03 블록 지정한 영역의 글자가 들여쓰기 되면 **[서식] 도구 상자에서 [미리 보기(🖳)]를 클릭**해 문서의 전체 쪽을 확인합니다.

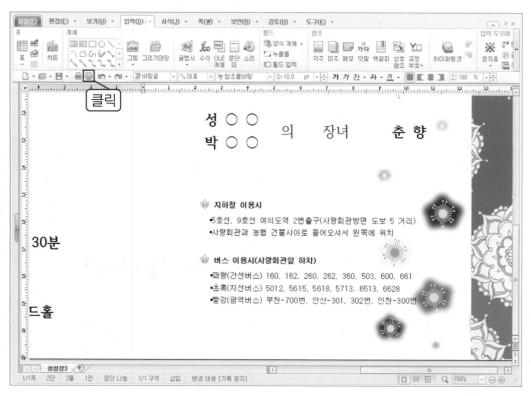

1 '꽃패턴.png' 파일을 삽입하여 그림과 같이 문서 양쪽에 문양을 만들고 '초대합니다' 글자를 그림으로 저장하여 꾸며 봅니다.

예제파일 : 초대장.hwp, 꽃패턴.png

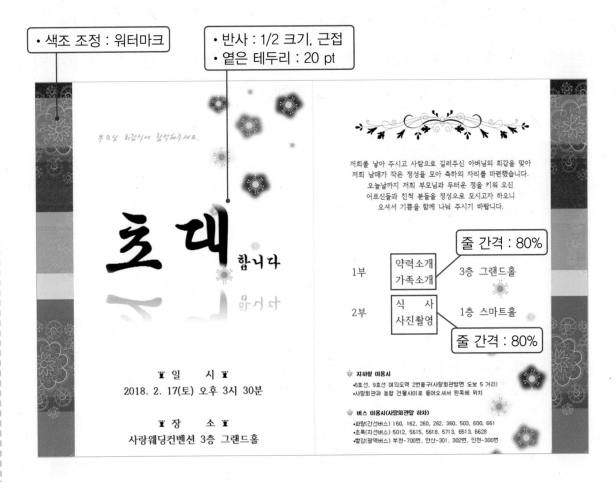

- 색조 조정 : 워터마크
- 반사 : 1/2 크기, 근접
- 옅은 테두리 : 20 pt
- 줄 간격 : 80%

도움터

① '꽃패턴.png' 파일을 삽입하여 직사각형 도형의 크기에 맞게 자르기
② '꽃패턴' 그림에 '워터마크' 색조를 지정한 후, 직사각형 도형과 그룹 지정하여 복사하기
③ '초대합니다' 글자를 그림으로 저장한 후 그림 삽입하기
④ '초대합니다' 그림에 '반사'와 '옅은 테두리' 효과 지정하기
⑤ '약력소개'와 '가족소개' 글자에 줄 간격 지정하기
⑥ '식사'와 '사진촬영' 글자에 줄 간격 지정하기

07 박람회 보고서 만들기

이번 장에서는 문서의 특정 구역에 쪽 테두리 및 배경을 지정하여 문서를 꾸며보고, 문단의 첫 글자가 눈에 띄도록 강조하는 방법과 함께 차트를 편집하여 박람회 보고서를 만드는 방법에 대해 알아보도록 하겠습니다.

무엇을 배울까요?

- 구역 나누기
- 쪽 테두리/배경 지정하기
- 하이퍼링크 제거하기
- 여백 지정하기
- 문단 첫 글자 장식하기
- 차트 편집하기

01 구역 나누기와 쪽 테두리/배경 지정하기

🖱 구역 나누기

01 '보고서1.hwp' 파일을 열기한 후, 1쪽의 '대한가구공업연합회' 글자 다음으로 커서를 이동하고 [쪽] 탭–[구역] 그룹–[구역 나누기(▦)]를 클릭합니다.

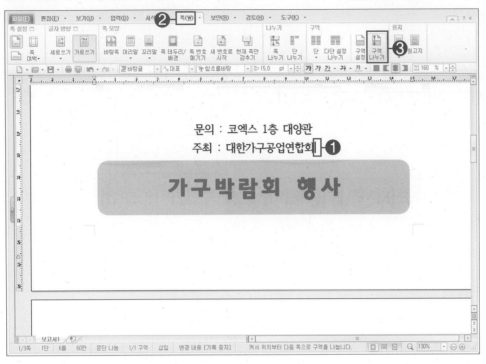

02 커서가 위치한 '대한가구공업연합회' 이후의 내용들이 다음 쪽으로 이동되는 것을 확인합니다.

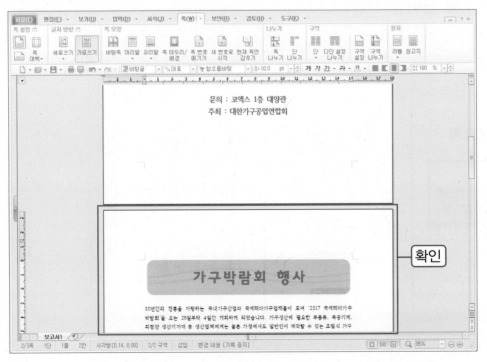

🖲️ 쪽 테두리 지정하기

01 커서가 2쪽에 위치한 상태에서 **[쪽] 탭–[쪽 모양] 그룹–[쪽 테두리/배경(🔲)]**을 클릭합니다. [쪽 테두리/배경] 대화상자가 나타나면 [테두리] 탭에서 그림과 같이 **테두리 종류(파선), 굵기(0.5mm), 색(루비색), 적용 위치를 지정**하고 **[설정] 단추를 클릭**합니다.

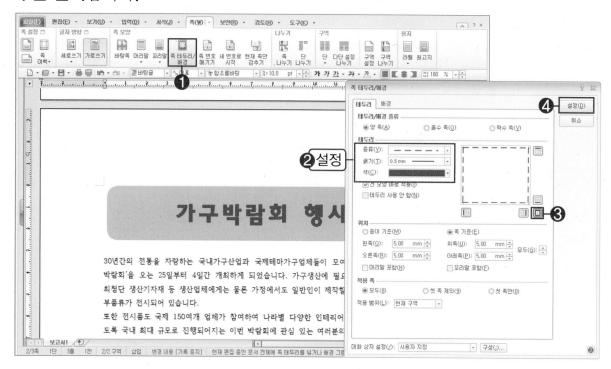

02 **[서식] 도구 상자에서 [미리 보기(🖥️)]를 클릭**해 현재 커서가 위치한 구역에 포함된 2쪽과 3쪽에만 쪽 테두리가 적용된 것을 확인한 후 **[미리 보기] 탭–[닫기] 그룹–[닫기(🔙)]를 클릭**합니다.

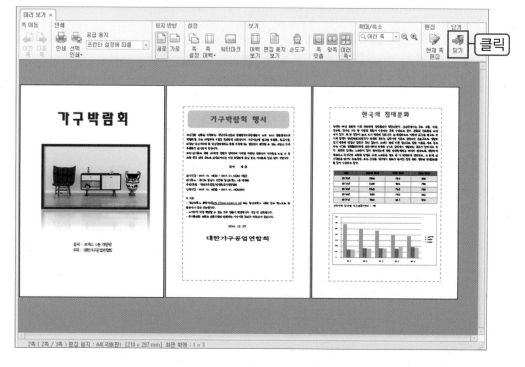

03 다시 [쪽] 탭-[쪽 모양] 그룹-[쪽 테두리/배경(▫)]을 클릭합니다. [쪽 테두리/
배경] 대화상자의 [위치] 항목에서 **'종이 기준'을 선택**한 후 그림과 같이 값을
'7mm'로 지정하고 [적용 쪽]이 **'첫 쪽에만'이 선택된 상태에서 [설정] 단추를 클릭**
합니다.

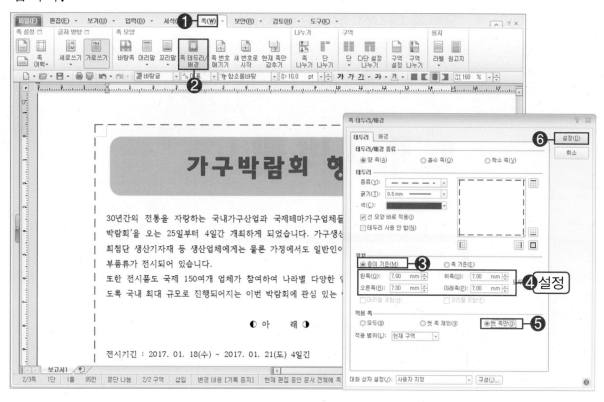

04 [미리 보기(▫)]를 클릭해 커서가 위치한 구역의 첫 쪽인 2쪽에만 테두리가 가장
자리에 표시된 것을 확인한 후, **[닫기(▫)]를 클릭**합니다.

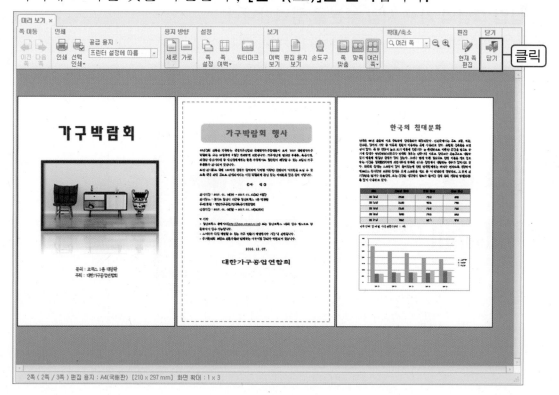

쪽 배경 지정하기

01 커서를 1쪽으로 이동한 후 [쪽] 탭–[쪽 모양] 그룹–[쪽 테두리/배경(🔲)]을 클릭합니다. [쪽 테두리/배경] 대화상자가 나타나면 **[배경] 탭**에서 [채우기] 항목을 '그러데이션', '오른쪽 대각선' 유형으로 지정합니다.

02 계속해서 [시작 색]의 펼침 단추(▼)를 클릭해 색 목록이 표시되면 **[색 골라내기(✏️)]**를 클릭합니다. 마우스 포인터 모양이 색을 추출할 수 있는 상태로 변경(✏️)되면 **삽입 그림의 가구 서랍 부분을 클릭**합니다.

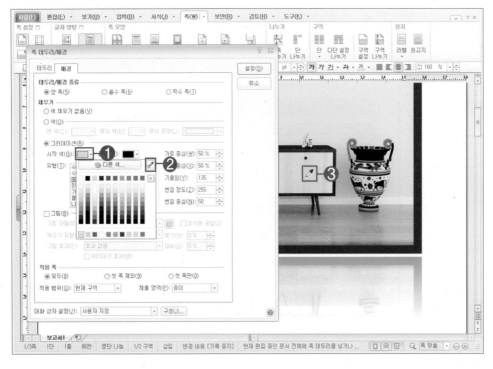

03 같은 방법으로 **[끝 색]**의 펼침 단추(▼)를 클릭해 **[색 골라내기(**✏️**)]**를 **선택**한 후 마우스 포인터 모양이 변경(✏️)되면 **삽입 그림에서 의자의 등받이 부분을 클릭**하고 **[설정] 단추를 클릭**합니다.

04 **[미리 보기(**▣**)]**를 **클릭**합니다. 삽입 그림에서 추출한 시작 색과 끝 색 두 가지를 이용해 현재 구역인 첫 쪽에만 배경색이 적용된 것을 확인한 후 **[닫기(**↩️**)]**를 **클릭**합니다.

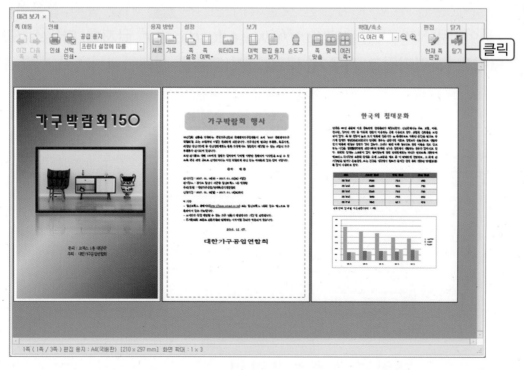

글머리표 삽입 및 하이퍼링크 제거와 여백 지정하기

글머리표 삽입과 하이퍼링크 제거하기

01 2쪽에서 그림과 같이 **글자를 블록 지정**한 후 [서식] 탭–[글머리] 그룹–[문단 번호(▤)] 오른쪽의 **펼침 단추(▼)를 클릭**합니다. 나타나는 목록에서 **네 번째 항목을 선택**합니다.

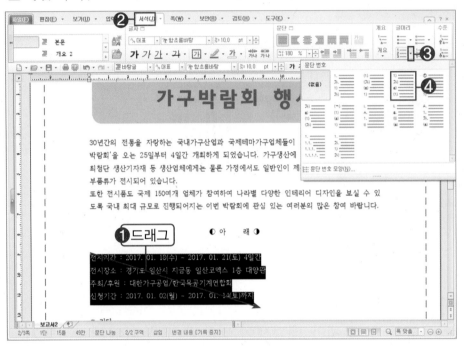

02 선택한 영역에 문단 번호가 적용된 것을 확인한 후 **Esc** 키를 눌러 블록을 해제합니다. 하이퍼링크가 적용된 'http://www.edusd.co.kr' 글자를 마우스 오른쪽 단추로 클릭해 [하이퍼링크 지우기] 바로 가기 메뉴를 선택합니다.

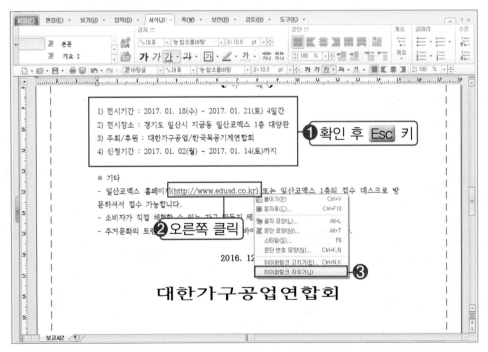

03 'http://www.edusd.co.kr' 글자에 적용된 하이퍼링크가 제거된 것을 확인합니다.

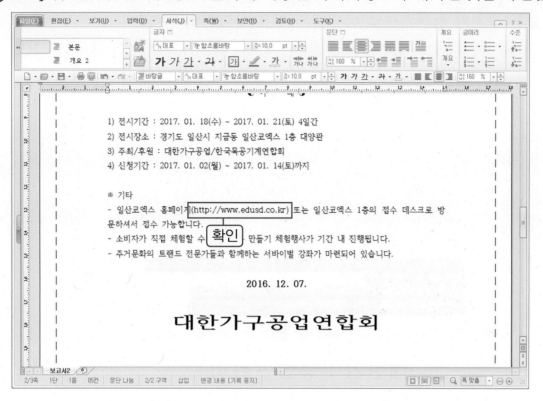

왼쪽 여백과 들여쓰기 지정하기

01 그림과 같이 **글자를 블록 지정**한 후 **[서식] 탭–[문단] 그룹–[첫 줄 들여쓰기(⯬)]**를 **열 번 클릭**하여 두 문단의 시작 글자만 오른쪽으로 들여쓰기 되는 것을 확인합니다.

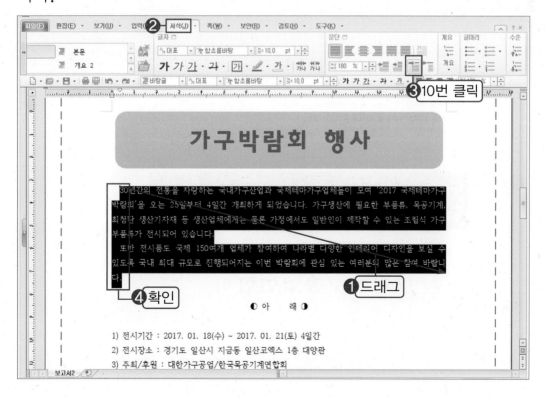

02 다시 그림과 같이 글자를 **블록 지정**한 후 **[왼쪽 여백 늘리기( )]**를 **열 번 클릭**하여 모든 글자가 오른쪽으로 이동되는 것을 확인합니다.

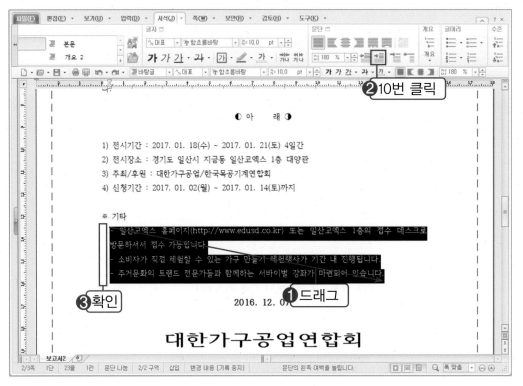

03 계속해서 **[첫 줄 내어쓰기( )]**를 **열 네 번 클릭**하여 첫 문단의 '방문하셔서' 글자의 위치가 '일산코엑스'와 동일한 위치로 맞춰지는 것을 확인합니다.

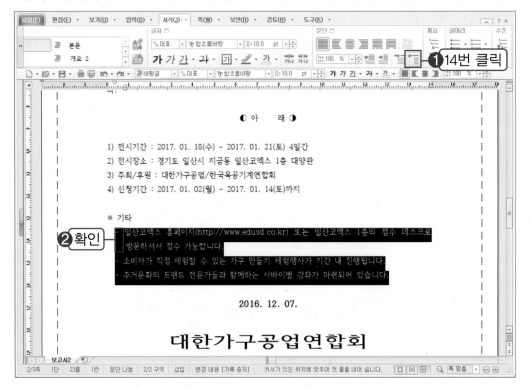

03 문단 첫 글자 장식과 차트 편집하기

🖱 문단 첫 글자 장식하기

01 3쪽의 '한국은' 글자 앞으로 커서를 이동한 후 [서식] 메뉴의 펼침 단추(▼)를 클릭하여 나타나는 메뉴에서 [문단 첫글자 장식]을 선택합니다.

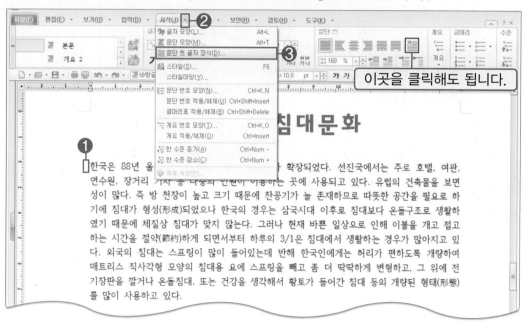

02 [문단 첫 글자 장식] 대화상자가 나타나면 '3줄(⧈)'을 선택한 후 [면 색]의 펼침 단추(▼)를 클릭해 [색 골라내기(🖉)]를 선택합니다. 마우스 포인터 모양이 변경(🖉)되면 '한국의 침대문화' 글자를 클릭하고 [설정] 단추를 클릭합니다.

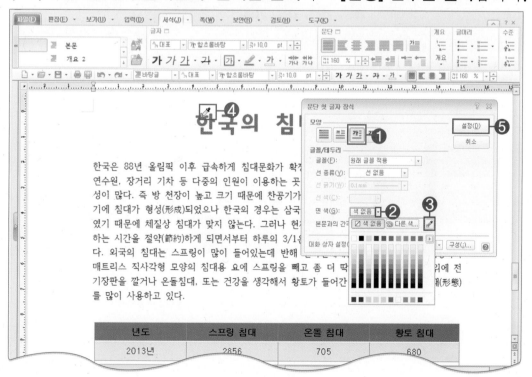

03 '한' 글자에 문단 첫 글자 장식이 적용되면 **'한'** 글자만 **블록 지정**한 후 **[서식]** 도구 상자에서 **[진하게(가)]**와 **[글자색(가)]** 오른쪽의 펼침 단추(▼)를 클릭해 **[하양]**을 선택합니다.

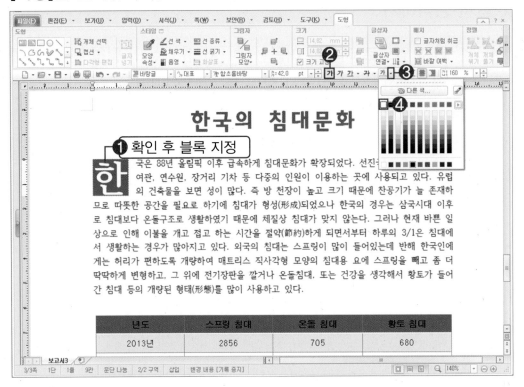

차트 계열 삭제와 차트 모양 변경하기

01 3쪽의 **차트를 선택**한 후 **[차트] 탭─[데이터] 그룹─[데이터 편집(📊)]**을 클릭합니다.

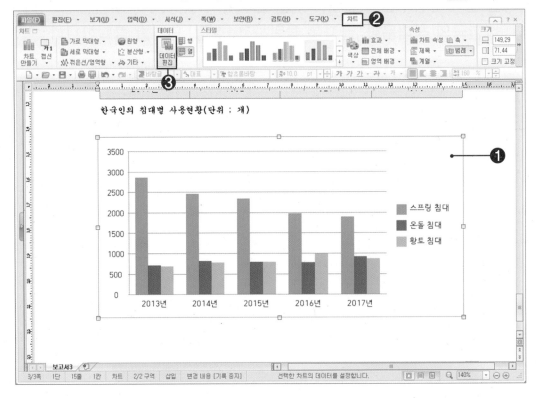

02 [차트 데이터 편집] 대화상자가 나타나면 **'온돌 침대'를 선택한 후 [선택한 열 지우기(**🖬**)]를 클릭**합니다. 차트 데이터에서 선택한 '온돌 침대' 데이터가 사라지면 **[확인] 단추를 클릭**합니다.

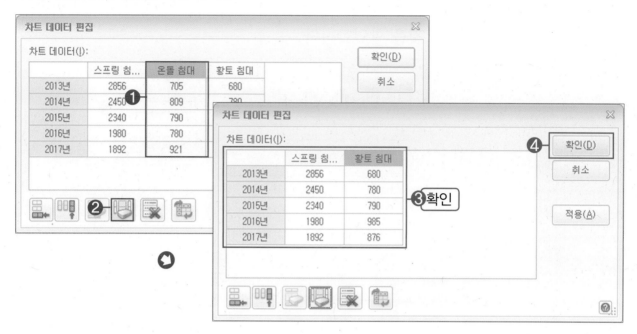

03 차트에서 해당 계열이 삭제된 것을 확인합니다. **차트가 선택된 상태에서 [차트] 탭-[차트] 그룹-[세로 막대형]을 클릭**해 나타나는 목록에서 **[꺾은선-세로 막대 혼합형]을 선택**합니다.

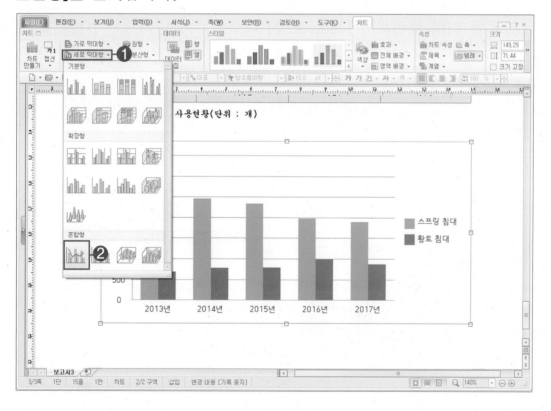

📊 차트 제목 삽입과 범례 위치 지정하기

01 차트의 모양이 변경되면 **[차트] 탭-[속성] 그룹-[제목(📊)]** 오른쪽의 **펼침 단추 (▼)를 클릭**해 나타나는 목록에서 **[위쪽 표시]를 선택**합니다. 차트 위쪽에 차트 제목이 만들어지는 것을 확인합니다.

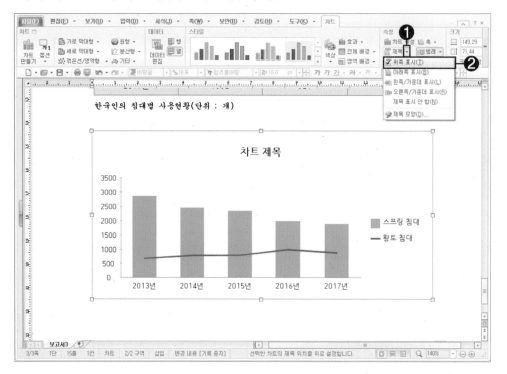

02 **'차트 제목'을 더블 클릭**하여 [제목 모양] 대화상자가 나타나면 **[내용]**을 '**년도별 침대 선호도 변화 추이**'로 **입력**한 후, **[크기]를 '15'로 지정**하고 **[설정] 단추를 클릭**합니다.

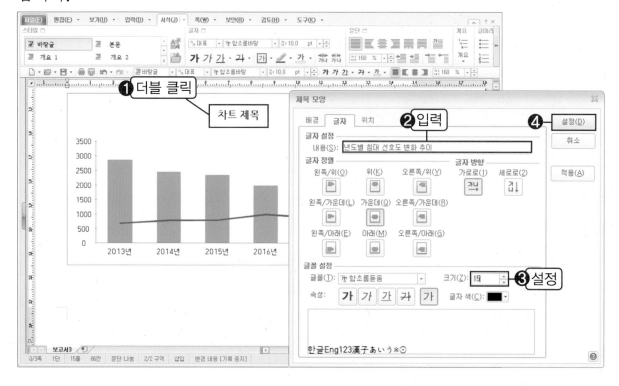

03 차트 제목이 변경되면 **[차트] 탭-[속성] 그룹-[범례( )]** 오른쪽의 **펼침 단추(▼)**를 **클릭**합니다. 나타나는 목록에서 **[아래쪽 표시]를 선택**해 차트 아래쪽으로 범례가 이동되는 것을 확인합니다.

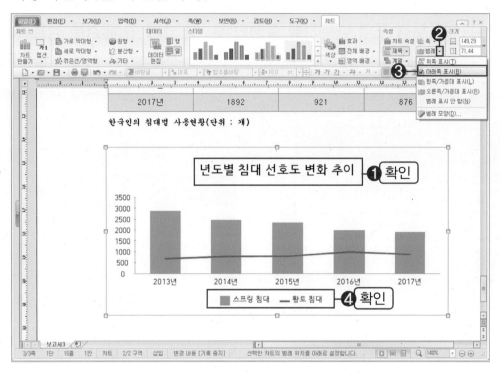

04 **[차트] 탭-[크기] 그룹**에서 **[높이]** 값을 '**80mm**'로 **지정**하여 결과를 확인합니다.

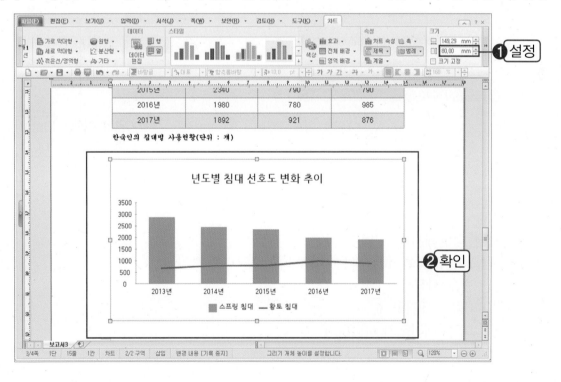

디딤돌학습

1 '보건홍보팀' 다음부터 구역 나누기를 실행한 후, 첫 번째 쪽 배경을 적용하고, 두 번째 쪽에는 쪽 테두리와 문단 번호, 왼쪽 여백과 내어쓰기를 적용해 봅니다.

📁 예제파일 : 예방접종.hwp

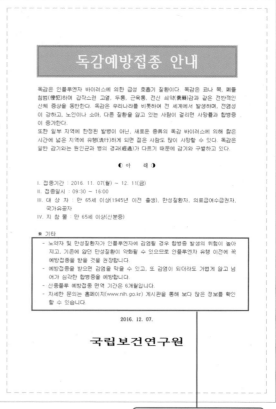

- 왼쪽 여백 : 10pt
- 내어쓰기 : 14pt

도움터

① '보건홍보팀' 다음에서 구역 나누기
② 1쪽에 그림의 '빨간색'과 '하늘색'을 이용해 쪽 배경 지정하기
③ 2쪽에 문단 번호 지정하기
④ 2쪽에 하이퍼링크 제거하기
⑤ 2쪽에 왼쪽 여백, 내어쓰기 지정하기

08 기자단 모집 공고문 만들기

이번 장에서는 액자 그림을 쪽의 배경으로 삽입하고 개체의 기울기 및 회전으로 폴라로이드 느낌의 사진을 만드는 방법과 함께 투명도와 무늬를 지정하여 기자 모집 공고문을 만드는 방법에 대해 알아보도록 하겠습니다.

 무엇을 배울까요?

⋯ 쪽 배경 지정하기(그림)   ⋯ 개체 보호하기
⋯ 글자 모양 [확장] 탭 활용하기   ⋯ 개체 꾸미기
⋯ 개체 회전 및 기울이기

쪽 배경 지정하기

01 '공고문1.hwp' 파일을 열기한 후, [쪽] 탭-[쪽 모양] 그룹-[쪽 테두리/배경(📋)]을 클릭합니다.

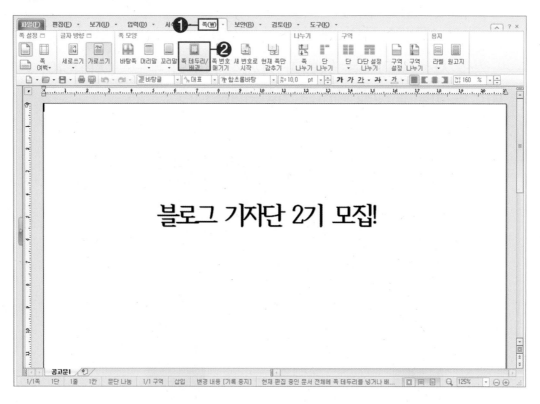

02 [쪽 테두리/배경] 대화상자가 나타나면 [배경] 탭에서 [그림] 항목을 체크 표시한 후, [그림 선택(📷)]을 클릭합니다. [그림 넣기] 대화상자가 나타나면 '칠판.jpg' 파일을 선택한 후, '문서에 포함' 항목을 체크 표시하고 [넣기] 단추를 클릭합니다.

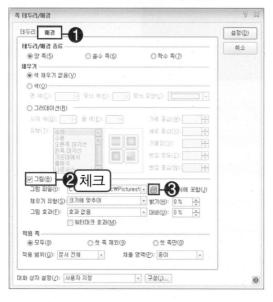

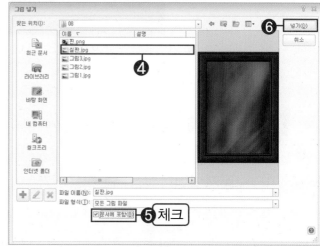

03 [쪽 테두리/배경] 대화상자의 [그림 파일]에 '삽입그림'이라고 표시되면 **[채우기 유형]을 '크기에 맞추어'로 지정**한 후, **[설정] 단추를 클릭**합니다.

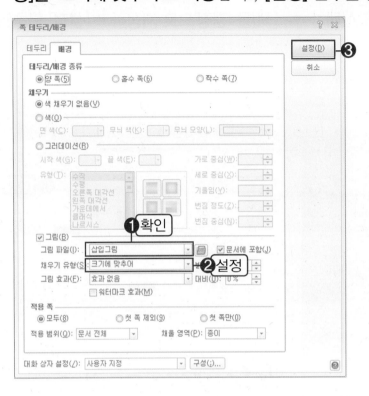

제목 꾸미기

01 선택한 '칠판' 그림이 쪽의 배경으로 지정되면 **'블로그 기자단 2기 모집!' 글상자를 선택**한 후, **[서식] 도구 상자**에서 글꼴을 **'한컴 쿨재즈 M', 글자 크기를 '48pt', 글자 색을 '하양'**으로 각각 지정합니다.

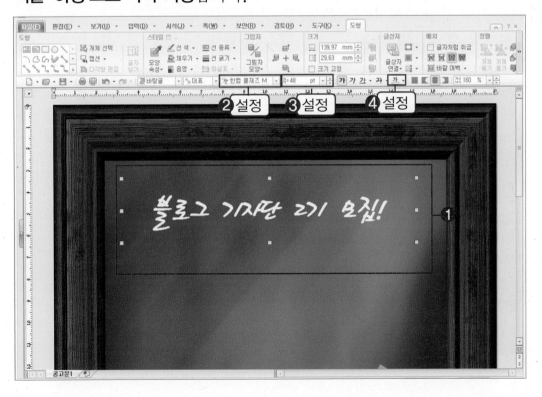

02 '블로그 기자단 2기 모집!' 글상자가 선택된 상태에서 **[편집] 탭-[서식] 그룹-[글자 모양(**✐**)]**을 클릭합니다. [글자 모양] 대화상자가 나타나면 **[확장]** 탭에서 그림과 같이 **[그림자]** 항목의 **'연속'**을 선택한 후, **[색]**을 **'검정'**으로 지정하고 **[설정]** 단추를 클릭합니다.

03 '블로그 기자단 2기 모집!' 글자에 그림자가 적용되면 `Esc` 키를 누른 후, **'기자단 2 기'** 글자만 블록 지정하고 다시 **[글자 모양(**✐**)]**을 클릭합니다.

04 [글자 모양] 대화상자가 나타나면 **[Y 방향]의 값을 '15%'로 변경**한 후, [강조점]에서 그림과 같은 **강조점 종류를 선택**하고 **[설정] 단추를 클릭**합니다.

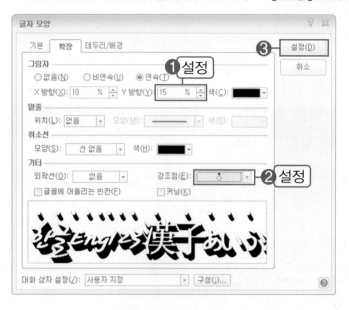

05 '기자단 2기' 글자의 그림자가 세로 방향으로 길어지고 글자 위에 선택한 강조점 이 삽입된 것을 확인합니다.

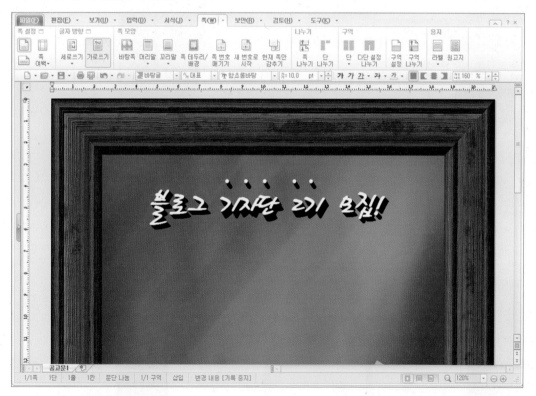

02 폴라로이드 사진 효과 만들기

🖱 직사각형 도형 삽입과 복사하기

01 [입력] 탭-[개체] 그룹-[직사각형(□)]을 클릭하여 마우스 포인터 모양이 변경 (＋)되면 그림과 같은 위치에 **도형을 삽입**한 후, [도형] 탭-[크기] 그룹에서 [너 비]와 [높이] 값을 각각 '50mm'로 지정합니다.

02 직사각형 도형을 선택한 후 **Ctrl 키를 누른 채 오른쪽으로 드래그**하여 그림과 같 이 세 개의 직사각형이 되도록 복사를 합니다.

개체 기울이기와 회전하기

01 **첫 번째 직사각형 도형을 더블 클릭**하여 [개체 속성] 대화상자가 나타나면 [기본] 탭에서 **가로 기울이기의 값을 '–5'로 지정**한 후 [설정] 단추를 클릭합니다.

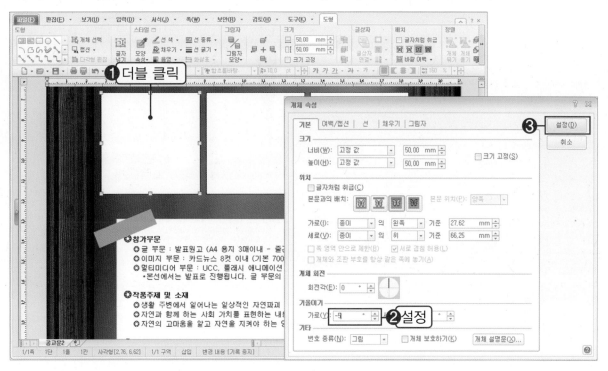

02 **첫 번째 직사각형 도형이 기울어지면 두 번째 직사각형 도형을 더블 클릭**하여 [기본] 탭에서 [회전각] 값을 '10'으로 지정한 후 [설정] 단추를 클릭합니다.

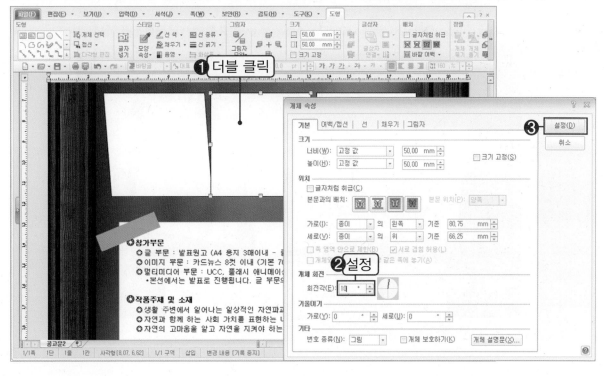

03 두 번째 직사각형 도형이 오른쪽으로 약간 회전되면 같은 방법으로 **세 번째 직사각형 도형의 [회전각] 값을 '350'으로 지정**한 후 **[설정] 단추를 클릭**합니다.

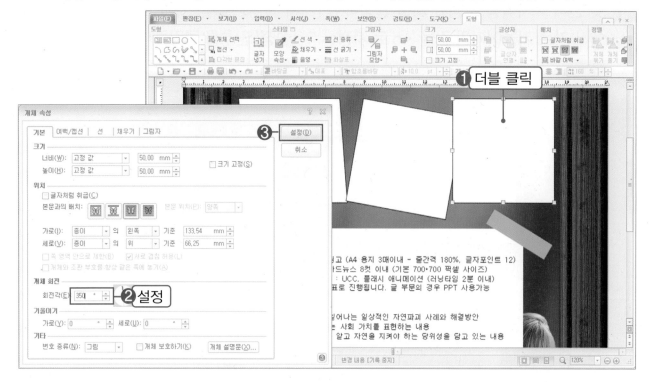

04 **세 번째 직사각형 도형**이 왼쪽으로 약간 회전되면 **위치를 이동**하여 그림과 같이 배치합니다.

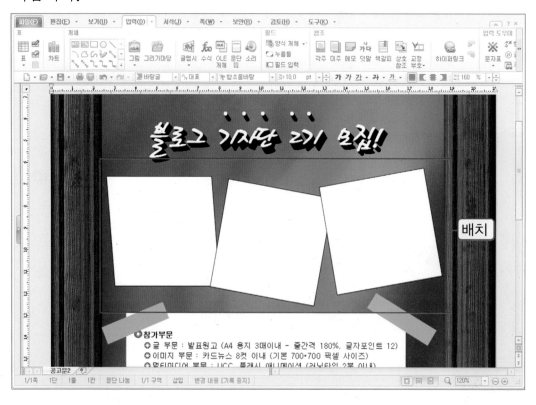

그림 기울이기와 회전하기

01 [입력] 탭-[개체] 그룹-[그림(▢)]을 클릭합니다. [그림 넣기] 대화상자가 나타나면 '문서에 포함' 항목만 체크 표시한 후 '그림1.jpg' 파일을 선택하고 **Shift** 키를 누른 채 '그림 3.jpg' 파일을 클릭하여 세 개의 그림이 선택되면 [넣기] 단추를 클릭합니다.

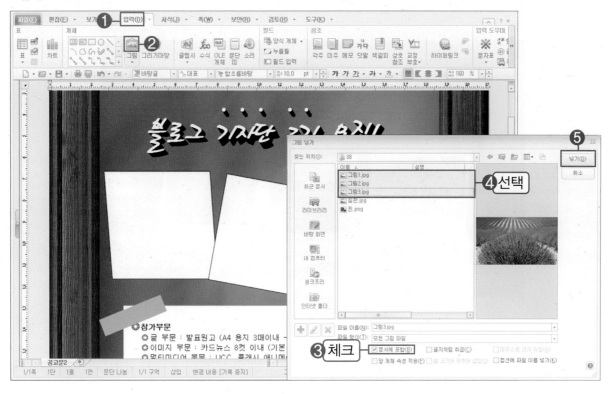

02 선택한 세 개의 그림이 삽입되면 **Shift** 키를 누른 채 세 개의 그림을 각각 클릭합니다. 세 개의 그림이 선택되면 [그림] 탭-[배치] 그룹-[글 앞으로(▧)]를 클릭합니다.

03 선택한 세 개의 그림이 다른 개체보다 위로 배치되면 [크기] 그룹에서 **[너비]** 값을 '45mm', [높이] 값을 '30mm'로 각각 지정한 후, 그림과 같이 **직사각형 도형 위에 배치**합니다.

04 **첫 번째 그림을 더블 클릭**하여 [개체 속성] 대화상자가 나타나면 [기본] 탭에서 **가로 기울이기의 값을 '-5'로 지정**한 후 **[설정] 단추를 클릭**합니다.

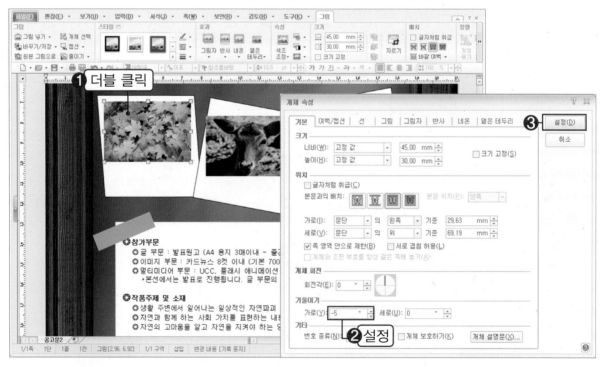

05 첫 번째 그림이 기울어지면 직사각형 도형과 어울리도록 **위치를 수정**합니다.

06 두 번째 그림을 **더블 클릭**하여 [회전각] 값을 '10'으로 지정한 후 [설정] 단추를 클릭합니다.

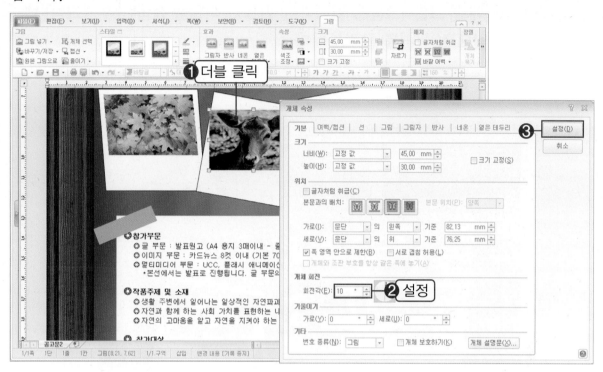

07 두 번째 그림이 회전되면 직사각형 도형과 어울리도록 **위치를 수정**합니다.

08 같은 방법으로 **세 번째 그림의 [회전각] 값을 '350'으로 지정**한 후, **위치를 수정**합니다.

09 **두 번째 그림을 선택**한 후, [그림] 탭–[정렬] 그룹–[맨 뒤로(▣)]를 클릭해 나타나는 목록에서 [뒤로]를 선택합니다.

10 다시 [그림] 탭–[정렬] 그룹–[맨 뒤로(▣)]–[뒤로]를 선택합니다. 두 번째 그림이 겹쳐진 세 번째 직사각형 뒤로 배치됩니다.

개체 보호하기

01 [입력] 탭-[개체] 그룹-[그림]을 클릭하여 '핀.png' 파일을 삽입한 후, [그림] 탭-[배치] 그룹-[글 앞으로(▨)]를 클릭합니다.

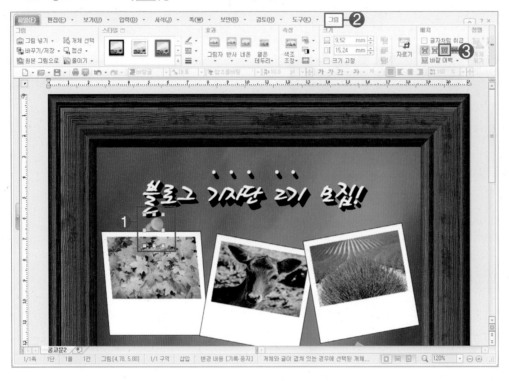

02 삽입된 '핀' 그림을 복사하여 그림과 같이 **배치**한 후 '핀' 그림이 선택된 상태에서 [그림] 탭-[그림] 그룹-[개체 선택(▨)]을 클릭하여 마우스 포인터 모양이 변경 (▨)되면 그림과 같이 **드래그**합니다.

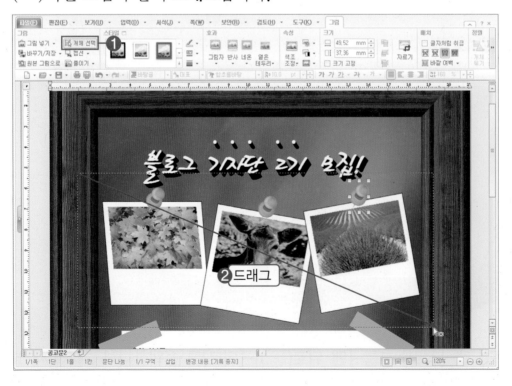

03 드래그 영역 안의 모든 개체가 선택되면 **[도형] 탭-[보호] 그룹-[개체 보호( )]**를 클릭하여 **[개체 보호하기]**를 선택합니다.

04 드래그 영역 안의 모든 개체가 보호되어 선택이나 편집 작업을 할 수 없는 것을 확인합니다.

배움터 개체 보호 해제 방법

개체 보호를 지정한 경우 개체 위에 마우스 포인터를 위치하여도 선택되지 않고, 별도의 편집 작업을 실행할 수 없으므로 반드시 개체 보호를 해제해야 합니다. 개체 보호를 해제하려면 **[도형]** 탭-**[보호]** 그룹-**[개체 보호( )]**를 클릭하여 **[모든 보호 개체 해제하기]**를 선택합니다.

03 개체 꾸미기 : 투명도, 네온 효과, 무늬 지정하기

01 Shift 키를 이용해 **두 개의 주황색 직사각형 도형을 선택**한 후 **[도형] 탭-[스타일] 그룹-[채우기(🖌)]** 오른쪽의 **펼침 단추(▼)를 클릭**해 **투명도를 '60%'로 지정**합니다.

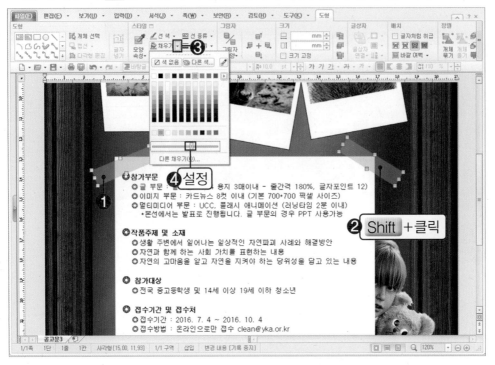

02 선택한 두 개의 도형에 투명도가 적용되면 **'아이' 그림을 선택**한 후, **[그림] 탭-[효과] 그룹-[네온(🖼)]을 클릭**하여 목록에서 **[강조 색 3, 10pt]를 선택**합니다.

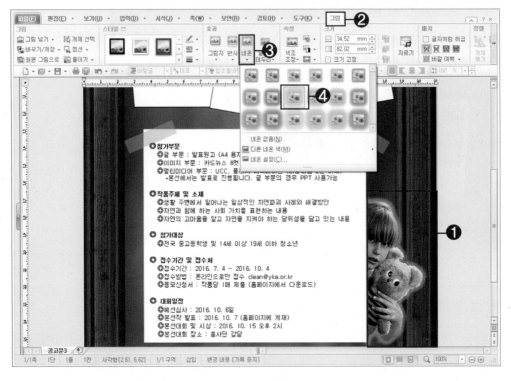

03 '아이' 그림 앞에 있는 **글상자를 더블 클릭**합니다. [개체 속성] 대화상자가 나타나면 [**채우기**] **탭에서 '색'을 선택**한 후, 그림과 같이 **면 색(노른자색 90% 밝게), 무늬 색 (하양), 무늬 모양(눈금무늬)을 각각 지정**하고 [**설정**] 단추를 클릭합니다.

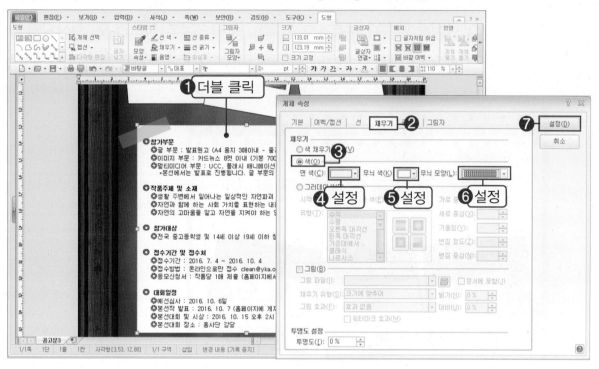

04 글상자에 지정된 무늬가 적용된 것을 확인합니다.

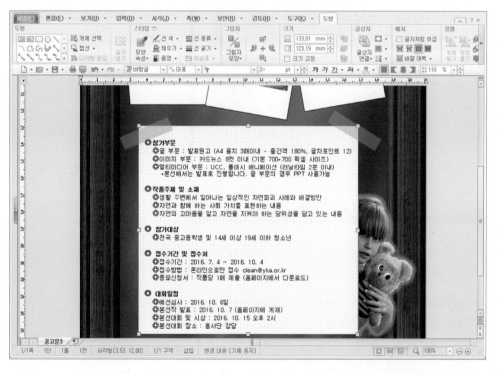

05 [서식] 도구 상자에서 [미리 보기(🖵)]를 클릭해 전체 결과를 확인합니다.

1 '공모전.hwp' 파일을 불러와 '노트.jpg' 파일을 쪽 배경으로 지정한 후, 직사각형 도형과 그림을 삽입하고 투명도와 무늬, 네온 효과를 적용하여 그림과 같이 꾸며 봅니다.

🔘 예제파일 : 공모전.hwp, 노트.jpg, 그림4.jpg, 그림5.jpg, 그림6.jpg, 핀.png

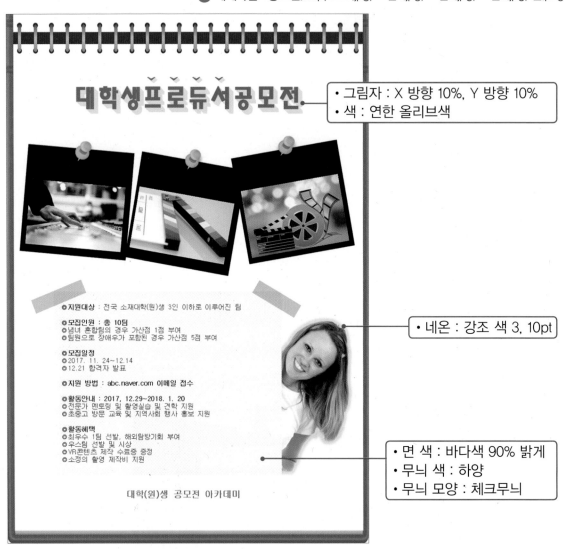

도움터

① '노트.jpg' 파일을 쪽 배경으로 삽입하기
② 제목에 그림자와 강조점 삽입하기
③ 직사각형 도형과 세 개의 그림을 삽입한 후 크기 및 회전 지정하기
④ '핀.png' 파일을 삽입한 후 복사하여 배치하기
⑤ 스티커 모양의 직사각형 도형에 투명도 60% 지정하기
⑥ 글상자에 무늬를 지정하고 그림에 네온 효과 지정하기

09 실생활 벽보 만들기

이번 장에서는 글자에 음영 색, 테두리, 형광펜 기능을 적용해 전월세 벽보를 만드는 방법과 함께 도형의 맞춤/배분, 그리기 마당 개체 편집 기능을 활용하여 쓰레기 무단투기 금지 벽보를 만드는 방법에 대해 알아보도록 하겠습니다.

 무엇을 배울까요?

- ⋯ 음영 색 지정하기
- ⋯ 글자 테두리와 형광펜 지정하기
- ⋯ 표 자동 채우기

- ⋯ 표에서 세로 쓰기
- ⋯ 맞춤/배분 지정하기
- ⋯ 그리기 마당 개체 편집하기

전월세 벽보 만들기

음영 색 지정하기

01 '전월세1.hwp' 파일을 열기한 후, '빌라전세' 글자를 블록 지정하고 [서식] 탭–[글자] 그룹–[글자 자간 크게(가나)]를 여러 번 클릭하여 종이의 오른쪽 여백에 맞게 간격을 지정합니다. [글자] 그룹의 그룹 이름(글자 □)을 클릭합니다.

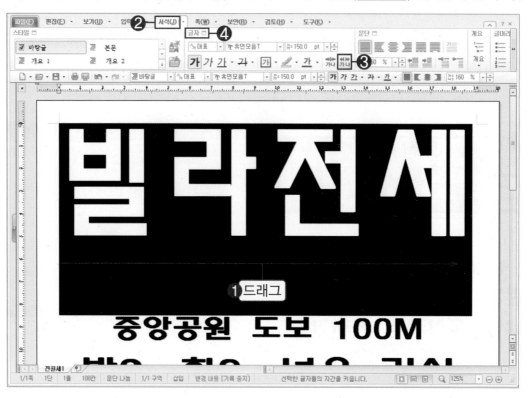

02 [글자 모양] 대화상자가 나타나면 [기본] 탭에서 [글자 색]을 '노랑', [음영 색]을 '검정'으로 지정하고 [설정] 단추를 클릭합니다.

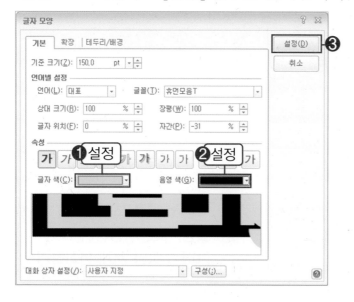

글자 테두리와 형광펜 지정하기

01 '1억 5천' 글자를 블록 지정한 후, [서식] 탭-[글자] 그룹-[형광펜(✐)] 오른쪽의
펼침 단추(▼)를 클릭해 색 목록에서 [노랑]을 선택합니다.

02 다시 '1억 5천' 글자를 블록 지정한 후 [서식] 탭-[글자] 그룹-[글자 테두리(가)]
오른쪽의 펼침 단추(▼)를 클릭해 그림과 같이 테두리를 선택합니다.

표 자동 채우기와 세로 쓰기

01 표의 첫 번째 셀에서 마지막 셀까지 블록 지정한 후 마우스 오른쪽 단추를 클릭해 [채우기]–[표 자동 채우기] 바로 가기 메뉴를 선택합니다.

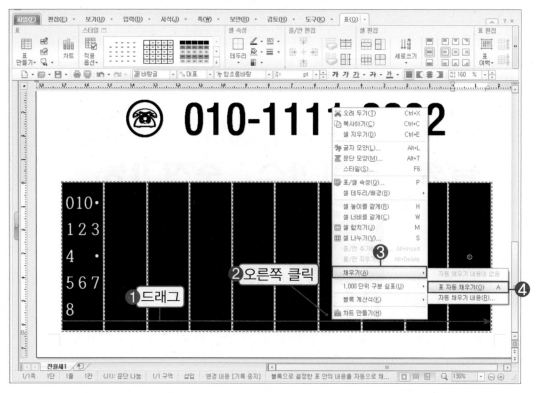

02 첫 번째 셀의 전화번호가 나머지 셀에 모두 채우기 되면 **표의 모든 셀을 선택**한 후, **[표] 탭–[셀 편집] 그룹–[세로 쓰기(▦)]** 아래쪽의 **펼침 단추(▼)를 클릭**해 나타나는 목록에서 **[영문 눕힘]을 선택**합니다.

03 글자가 세로 방향으로 변경되면 [표] 탭-[셀 편집] 그룹-[셀 가운데 정렬(▣)]을 클릭하여 전화번호가 셀의 중앙으로 배치되는 것을 확인합니다.

04 Esc 키를 눌러 선택을 해제한 후, Ctrl 키를 누른 채 홀수 셀을 각각 클릭합니다. 홀수 셀만 선택되면 [표] 탭-[셀 속성] 그룹-[셀 배경 색(▨)] 오른쪽의 펼침 단추(▼)를 클릭해 나타나는 목록에서 [노랑]을 선택합니다.

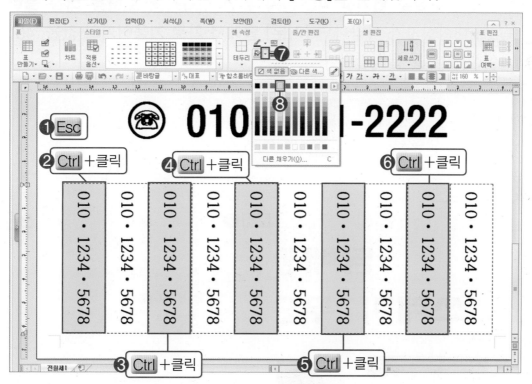

05 표에 셀 배경이 적용되면 [서식] 도구 상자에서 [미리 보기(▣)]를 클릭해 전체 결과를 확인합니다.

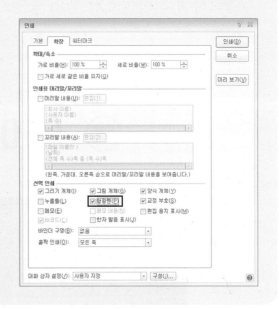

⊙ 예제파일 : 단속중1.hwp

02 쓰레기 투기금지 벽보 만들기

🐭 맞춤/배분 지정하기

01 '단속중1.hwp' 파일을 열기한 후, 왼쪽 위의 직사각형 도형을 더블 클릭하여
[개체 속성] 대화상자가 나타나면 [기본] 탭에서 가로 기울이기의 값을 '45'로 지
정하고 [설정] 단추를 클릭합니다.

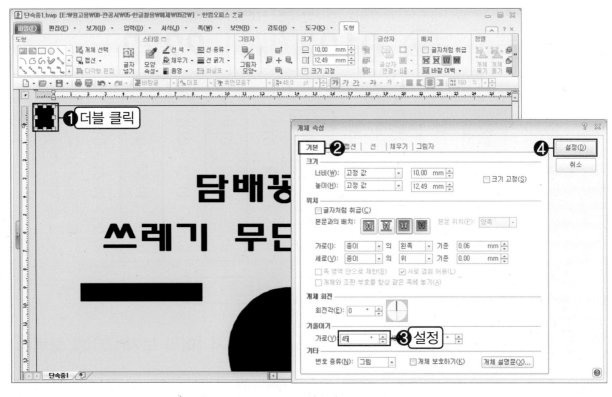

02 직사각형 도형이 기울어지면 **Ctrl** 키와 **Shift** 키를 동시에 누른 채 **오른쪽으로**
드래그하여 그림과 같이 복사를 합니다.

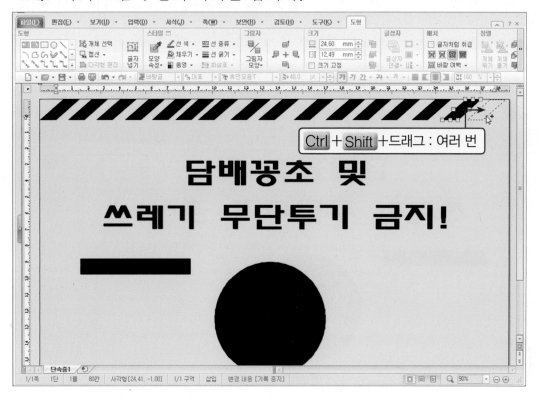

03 도형이 선택된 상태에서 [도형] 탭–[도형] 그룹–[개체 선택(🔲)]을 클릭하여 마
우스 포인터 모양이 변경(↖)되면 그림과 같이 **드래그**합니다.

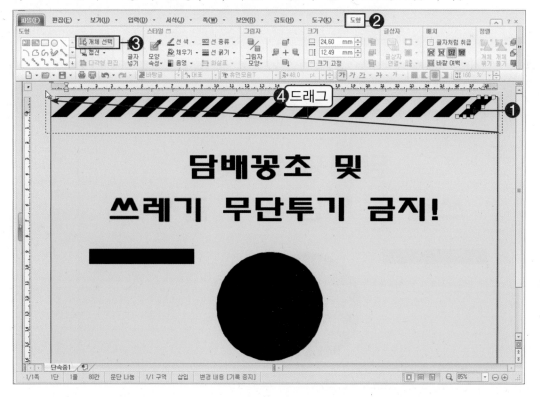

04 드래그 영역 안의 모든 개체가 선택되면 [도형] 탭–[정렬] 그룹–[맞춤/배분(▦)]을 클릭하여 나타난 목록에서 [가로 간격을 동일하게]를 선택합니다.

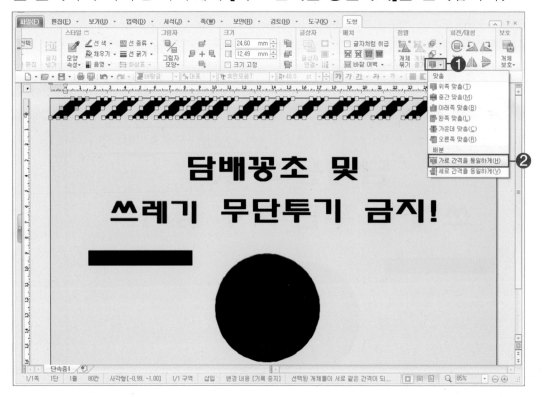

05 선택한 모든 도형의 가로 간격이 같아지면 [도형] 탭–[정렬] 그룹–[개체 묶기(▦)]를 클릭합니다.

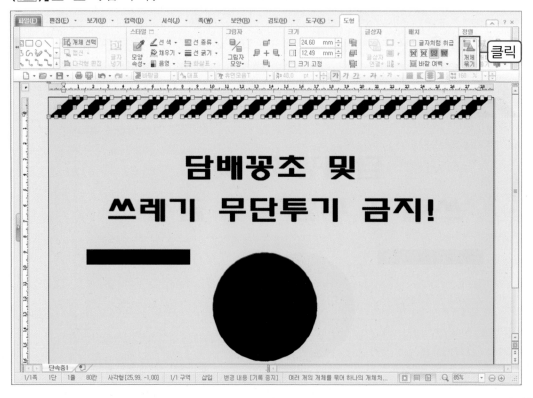

06 직사각형 도형이 하나의 도형으로 합쳐지면 **Ctrl** 키와 **Shift** 키를 동시에 누른 채 **아래쪽으로 드래그**하여 그림과 같이 복사를 합니다.

금지 도형 만들기

01 **타원 도형을 더블 클릭**하여 **[개체 속성] 대화상자**가 나타나면 **[선] 탭**에서 **[굵기]** 를 '**10mm**'로 지정하고 **[설정] 단추**를 클릭합니다.

02 도형의 테두리가 변경되면 **[도형] 탭–[스타일] 그룹–[채우기(⬙)]** 오른쪽의 **펼침 단추(▼)를 클릭**해 색 목록이 표시되면 **[색 없음]**을 선택합니다.

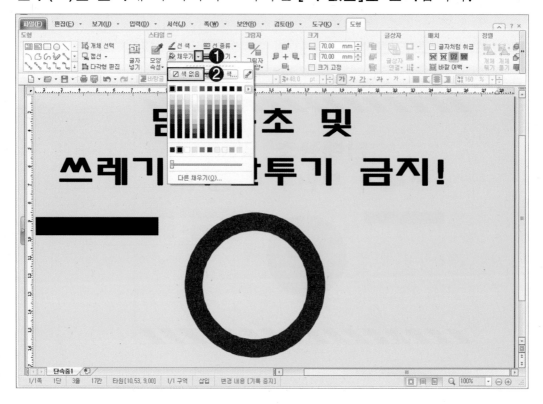

03 **직사각형 도형을 더블 클릭**하여 **[개체 속성]** 대화상자가 나타나면 **[기본] 탭**에서 **[회전각]**을 '**45**'로 지정한 후 **[설정] 단추를 클릭**합니다.

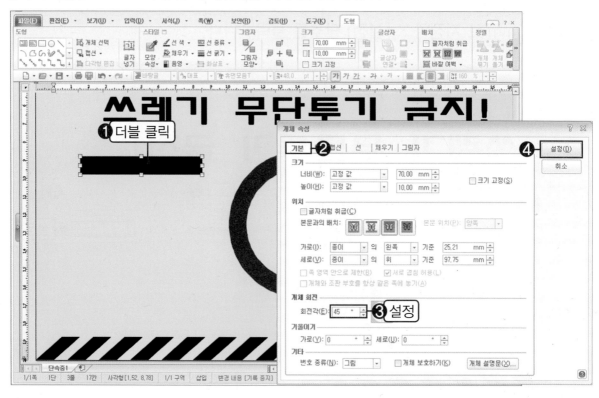

04 직사각형 도형이 회전되면 [**채우기(🖼)**] 오른쪽의 **펼침 단추(▼)를 클릭**해 색 목록에서 [**빨강**]을 **선택**한 후 **타원 도형과 겹쳐 그룹으로 지정**합니다.

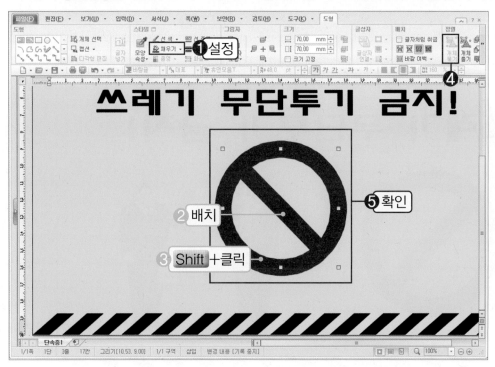

05 다음 작업의 편리를 위해 **금지 도형을 왼쪽으로 이동**시켜 놓습니다.

🖱 그리기 마당 개체 편집하기

01 [**입력**] 탭-[**개체**] 그룹-[**그리기마당(🖼)**]을 **클릭**합니다. [그리기마당] 대화상자가 나타나면 [그리기 조각] 탭의 '**프레젠테이션(인물)**' 꾸러미에서 '**인물10**'을 **선택**하고 [**넣기**] 단추를 **클릭**합니다.

02 마우스 포인터 모양이 변경(+)되면 그림과 같이 **드래그**하여 개체를 삽입한 후, **[도형] 탭–[정렬] 그룹–[개체 풀기()]를 클릭**합니다.

03 그리기마당 개체가 분리되면 **빈 공간을 클릭**하여 선택을 해제하고 **왼쪽의 사람 만 선택**한 후 Delete 키를 눌러 삭제합니다.

04 같은 방법으로 **달러 표시도 삭제**한 후, 사람이 자루를 들고 있는 것처럼 보이도록 **자루의 위치를 변경**합니다.

05 자루가 선택된 상태에서 [도형] 탭–[도형] 그룹–[개체 선택(📐)]을 클릭하여 마우스 포인터 모양이 변경(📐)되면 그림과 같이 **드래그**합니다. 영역 안의 모든 개체가 선택되면 [도형] 탭–[정렬] 그룹–[개체 묶기(📐)]를 **클릭**합니다.

06 개체가 하나로 묶이면 **금지 도형 위로 배치**한 후 그림과 같이 **크기와 위치를 변경**하여 완성합니다.

1 자간, 음영, 형광펜 등의 기능을 이용해 글자를 꾸미고 그리기마당 개체를 편집하여 그림과 같이 만들어 봅니다.

예제파일 : 아줌마구함.hwp

- 글자 색 : 빨강
- 음영 색 : 검정
- 음식(요리)-돈가스
- 캐릭터(직업)-가정부
- 형광펜 색 : 빨강
- 셀 배경 색 : 하양

도움터

① 직사각형 도형의 기울이기 각도 조정 후 복사하고 개체 묶기
② '아줌마구함' 글자에 자간, 글자 색, 음영 색 지정하기
③ '시간조절 가능' 글자에 테두리와 형광펜 색 지정하기
④ '가정부' 그리기마당 개체 삽입 후 개체 풀기 및 필요 없는 개체 삭제하기
⑤ '돈가스' 그리기마당 개체 삽입 후 가정부 개체와 어울리도록 배치하기
⑥ 채우기 기능을 이용해 표 안의 전화번호 넣기
⑦ 표 안의 글자 세로 쓰기 및 셀 가운데 정렬 지정하기
⑧ 홀수 셀의 셀 배경색 지정하기

10 계산식이 있는 견적서 만들기

이번 장에서는 날짜 필드와 한자, 특수 기호를 입력하고 표에서 줄/칸 삽입 및 테두리를 변경하는 방법과 함께 블록 계산식을 이용해 자동으로 곱하기나 합계가 계산되는 견적서를 만드는 방법에 대해 알아보도록 하겠습니다.

NO.								

견 적 서

2016年 12月 2日 (金) _____ 귀하

아래와 같이 견적합니다.

	등 록 번 호		
공급자	상호(법인명)		성명
	사 업 장 주 소		
	업 태		종목
	전 화 번 호		

합 계 금 액 (공급가액+세액)		원整 (₩)					

품 명	규 격	수 량	단 가	공 급 가 액	세 액	비 고
알뜰 김밥 세트	5 PS	10	3500	35,000	3500	
속시원한 사이다캔	190ml	5	500	2,500	250	
정다운 커피믹스	20개입	3	3000	9,000	900	
정다운 커피믹스	150개입	2	18000	36,000	3600	
청정지역 배추망	특대 3포기	1	12000	12,000	0	•면세
계		21	37,000	94,500	8,250	

무엇을 배울까요?

- ··· 글자에 밑줄 지정하기
- ··· 날짜 필드 입력하기
- ··· 한자 입력하기
- ··· 배분 정렬 지정하기
- ··· 블록 계산식 사용하기
- ··· Sum 계산식 사용하기
- ··· 계산식 고치기

견적서 양식 만들기

글자에 밑줄 지정하기

01 '견적서1.hwp' 파일을 열기한 후 'NO.' 글자 다음으로 커서를 이동합니다. Spacebar 키를 열 번 눌러 띄어쓰기를 합니다.

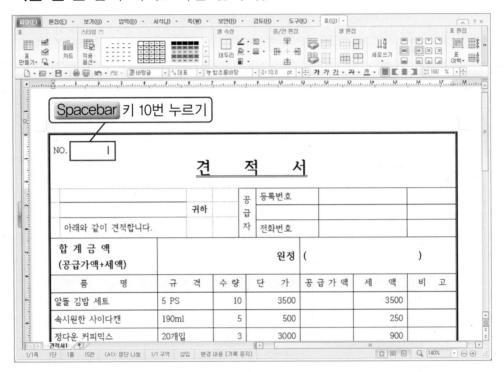

02 'NO.' 글자부터 띄어쓰기한 열 칸 범위까지 블록 지정한 후, [서식] 탭-[글자] 그룹-[밑줄(가)] 오른쪽의 펼침 단추(▼)를 클릭해 나타나는 목록에서 그림과 같은 선 종류를 선택합니다.

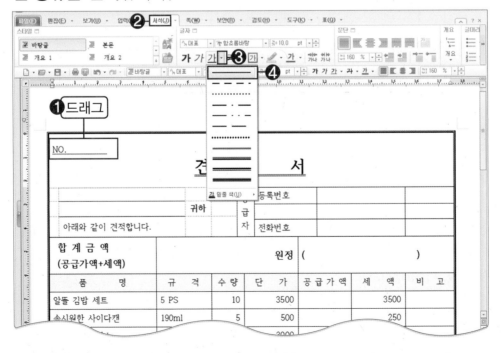

날짜 필드 입력과 한자 입력하기

01 그림과 같은 셀로 **커서를 이동**한 후, [입력] 탭–[필드] 그룹–[필드 입력(▢)]을 클릭합니다. [필드 입력] 대화상자가 나타나면 [만든 날짜] 탭에서 원하는 **날짜 형식을 선택**하고 [넣기] 단추를 클릭합니다.

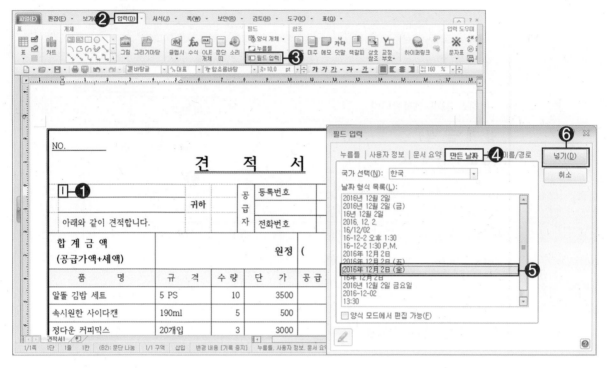

02 커서가 위치한 셀에 현재 시스템의 날짜가 삽입되면 '원정' 글자에서 **'정' 글자만 블록 지정**한 후 한자 키를 누릅니다. [한자로 바꾸기] 대화상자가 나타나면 그림과 같은 **한자와 입력 형식을 선택**하고 [바꾸기] 단추를 클릭합니다.

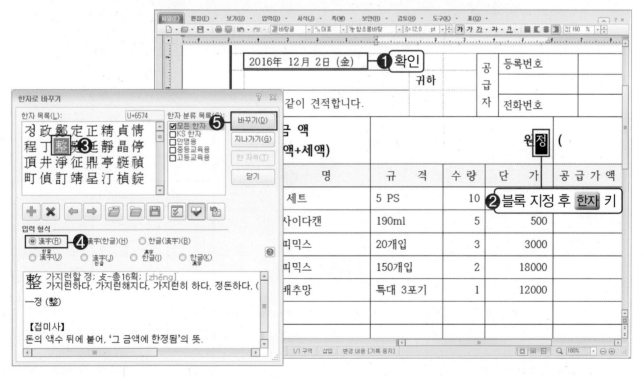

03 한글의 '정'이 한자로 변경되면 그림과 같이 '(' 다음으로 커서를 이동한 후 [입력] 탭-[입력 도우미] 그룹-[문자표(※)] 아래쪽의 **펼침 단추(▼)를 클릭**해 나타나는 목록에서 다시 [문자표]를 선택합니다.

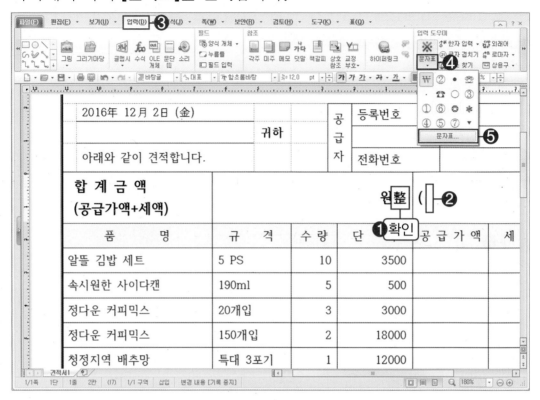

04 [문자표 입력] 대화상자가 나타나면 **[한글(HNC) 문자표] 탭의 [전각 기호(일반)] 문자 영역**에서 그림과 같이 '₩'를 **선택**하고 **[넣기] 단추를 클릭**해 커서 위치에 기호가 삽입된 것을 확인합니다.

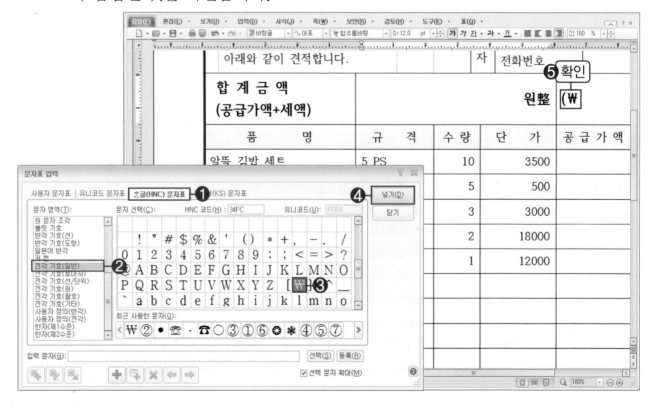

줄/칸 삽입 및 배분 정렬 지정하기

01 '**등록번호**' 아래 행 셀을 **드래그**하여 그림과 같이 선택한 후, **S** 키를 누릅니다. [셀 나누기] 대화상자가 나타나면 [**줄 수**]만 **체크** 표시한 후 **개수를 '3'으로 지정**하고 [**나누기**] 단추를 클릭합니다.

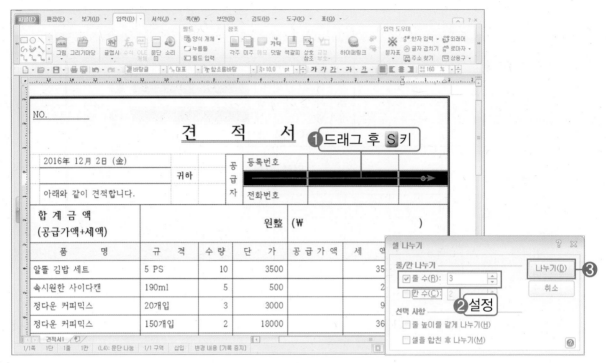

02 선택 영역의 셀이 세 개의 줄로 나눠지면 그림과 같이 **내용을 입력**한 후 드래그하여 **셀 블록을 지정**하고 [**편집**] 탭-[**서식**] 그룹-[**문단 모양(☰)**]을 클릭합니다. [문단 모양] 대화상자가 나타나면 [기본] 탭의 [정렬 방식]에서 '**배분 정렬(▦)**'을 선택하고 [**설정**] 단추를 클릭합니다.

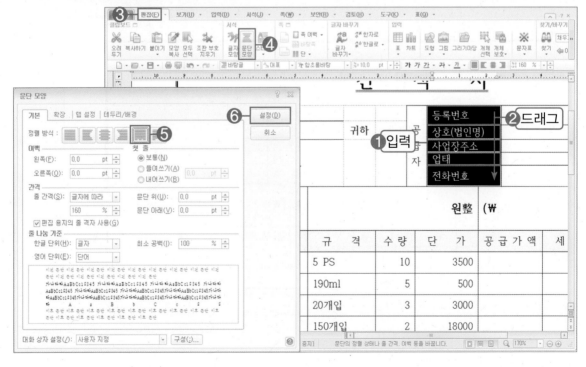

03 **Ctrl** 키를 활용하여 '상호(법인명)'과 '업태' 오른쪽 셀을 선택하고, 그림과 같이 두 개의 셀 영역이 블록 지정되면 **S** 키를 누릅니다. [셀 나누기] 대화상자가 나타나면 [칸 수]만 체크 표시한 후 개수를 '2'로 지정하고 [나누기] 단추를 클릭합니다.

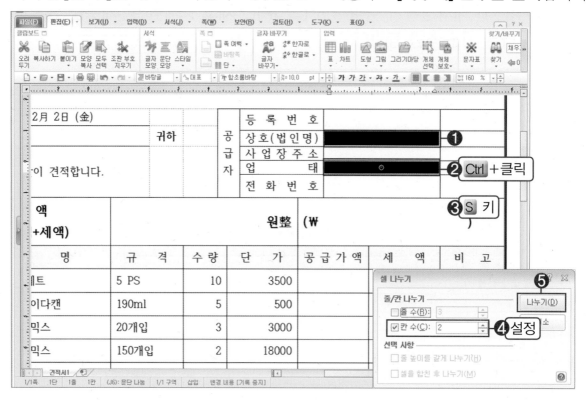

04 선택 영역의 셀이 두 개 열로 나눠지면 **Esc** 키를 눌러 셀 블록을 해제한 후, 그림과 같이 **내용을 입력**한 후 **셀의 크기를 변경**합니다.

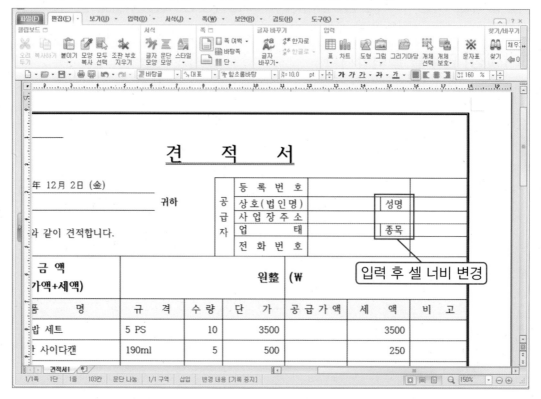

셀 높이 같게와 셀 테두리/배경 지정하기

01 그림과 같이 **셀 영역을 블록 지정**한 후, **[표] 탭-[줄/칸 편집] 그룹-[셀 높이 같게**
(⊞)**]를 클릭**합니다.

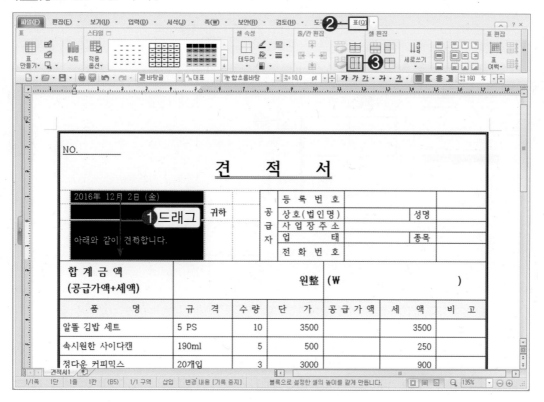

02 선택한 영역의 셀 높이가 동일하게 변경되면 그림과 같이 **셀 영역을 블록 지정**한
후 **[셀 높이 같게**(⊞)**]를 클릭**하고 ∟ 키를 누릅니다.

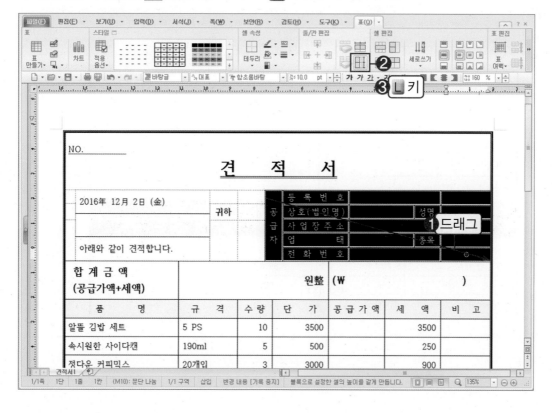

03 [셀 테두리/배경] 대화상자의 [테두리] 탭이 표시되면 그림과 같이 **테두리 종류 (실선)와 굵기(0.4mm), 테두리 모양(왼쪽, 위, 아래)을** 지정하고 [설정] 단추를 클릭합니다.

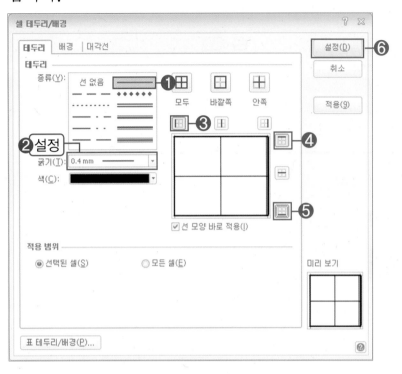

04 선택한 셀 영역에 굵은 테두리가 적용되면 다시 그림과 같이 **셀 영역을 블록 지정**한 후 ㄴ 키를 누릅니다.

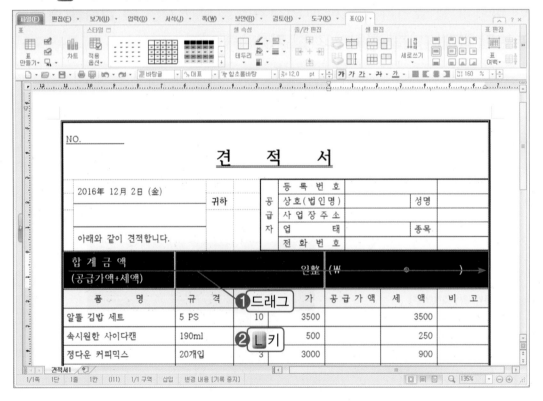

05 [셀 테두리/배경] 대화상자에서 그림과 같이 **테두리 종류와 굵기, 테두리 모양을 지정**하고 [설정] 단추를 클릭합니다.

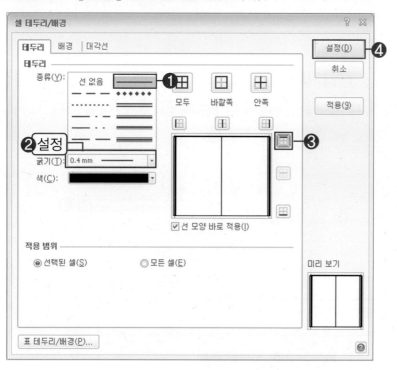

06 선택한 테두리가 적용되면 그림과 같이 '**공급자**' 영역의 셀을 블록 지정한 후, [표] 탭-[셀 속성] 그룹-[셀 배경 색(🖌)] 오른쪽의 펼침 단추(▼)를 클릭해 나타나는 목록에서 [하양 5% 어둡게]를 선택합니다.

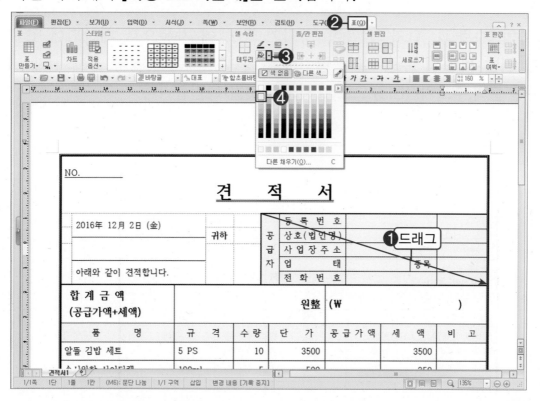

예제파일 : 견적서2.hwp

02 계산식으로 자동 계산하기

블록 계산식으로 계산하기

01 그림과 같이 '수량', '단가', '공급가액' 셀을 블록 지정한 후 [표] 탭-[표 편집] 그룹-[계산식(📄)]을 클릭해 나타나는 목록에서 [블록 곱]을 선택합니다.

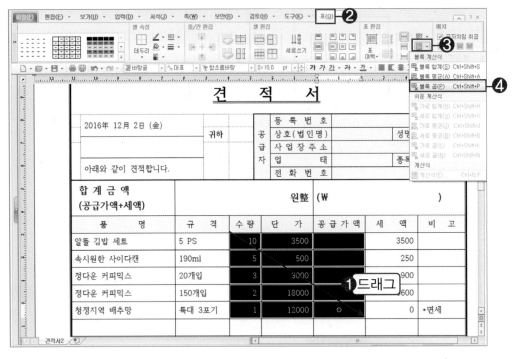

02 각 셀의 '수량'과 '단가'의 곱이 '공급가액' 셀에 자동으로 계산되어 표시되면 **'알뜰 김밥 세트'의 '수량' 셀을 클릭**하여 화면 아래쪽의 상황 선에 현재 커서가 위치한 **셀의 주소가 '(E13)'으로 표시**되는 것을 확인합니다.

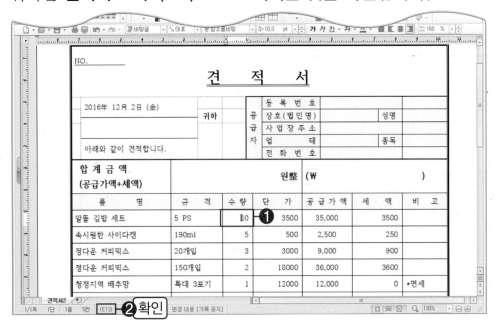

03 '수량'의 가장 아래 셀로 커서를 이동한 후 [계산식(▦)]을 클릭해 나타나는 목록에서 [계산식]을 선택합니다. [계산식] 대화상자가 나타나면 합계를 구하기 위해 함수 목록에서 'SUM'을 선택합니다.

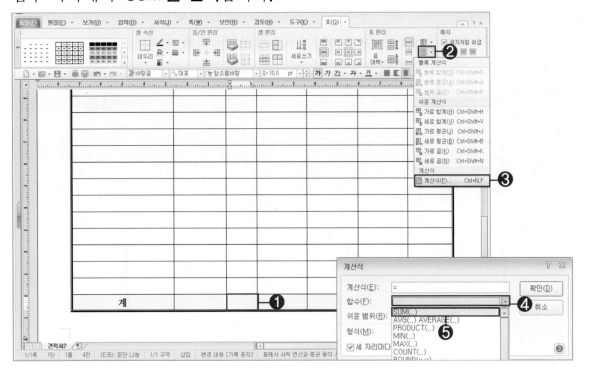

04 계산식 입력란에 'SUM()' 함수가 삽입되면 괄호 안에 합계를 구할 셀 주소를 'E13:E34'로 입력하고 [확인] 단추를 클릭합니다.

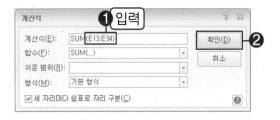

05 현재 셀 위치에 '수량'의 합계가 구해지면 그림과 같이 블록을 지정한 후 [채우기(▦)] 오른쪽의 펼침 단추(▼)를 클릭해 [표 자동 채우기]를 선택합니다.

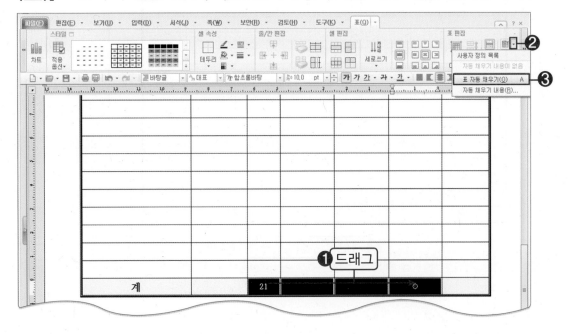

블록 계산식 고치기

01 계산식이 자동으로 채워지면 **'단가'의 계산식으로 커서를 이동**한 후 다시 **[계산 (📋)]을 클릭**해 나타나는 목록에서 **[계산식]을 선택**합니다. [계산식] 대화상자가 나타나면 기존의 'E'를 'G'로 수정한 후 **[확인] 단추를 클릭**합니다.

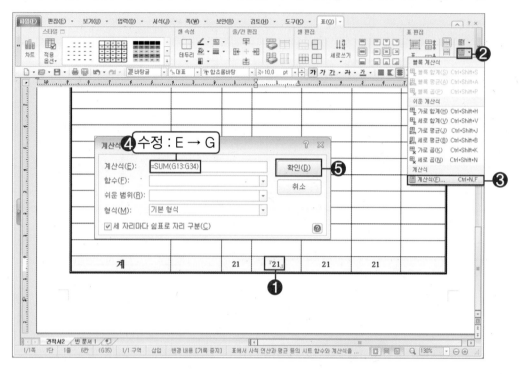

02 '수량'의 합계 계산이 '단가'의 계산식으로 변경되면 같은 방법으로 **'공급가액'**과 **'세액'의 계산식도 수정**하여 문서를 완성합니다.

1 '영수증.hwp' 파일을 불러와 밑줄, 셀 배경 색, 한자 및 문자표 삽입과 블록 계산식을 이용해 왼쪽의 영수증을 오른쪽 영수증처럼 만들어 봅니다.

🗂 예제파일 : 영수증.hwp

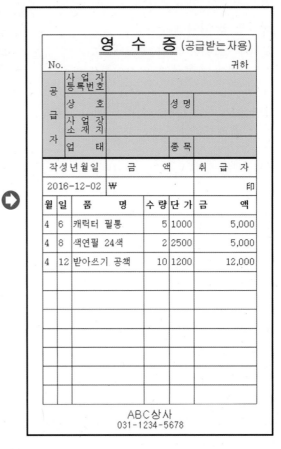

① '영수증' 글자에 밑줄 지정하기
② '공급자' 셀 영역에 셀 배경색(검정 80% 밝게)을 지정하고 아래쪽에 굵은 선(0.4mm) 지정하기
③ 필드 입력 기능을 이용해 '작성년월일' 아래 셀에 현재 시스템 날짜 입력하기
④ '금액' 아래 셀에 문자표 '₩'를 입력하고, '취급자' 아래 셀의 '인'을 한자로 변경하기
⑤ '월', '일', '품명', '수량', '단가', '금액' 셀의 정렬(배분 정렬) 지정하기
⑥ 쉬운 계산식 기능을 이용해 '금액' 값 구하기

소스파일 다운로드 방법

01 인터넷을 실행하여 시대인 홈페이지에 접속합니다.
   ＊ www.sdedu.co.kr/book

02 [로그인]을 합니다.
   ＊ '시대' 회원이 아닌 경우 [회원가입]을 클릭하여 가입한 후 로그인합니다.

03 화면 아래쪽의 [빠른 서비스]에서 [자료실]을 클릭합니다.

04 [프로그램 자료실]을 클릭합니다.

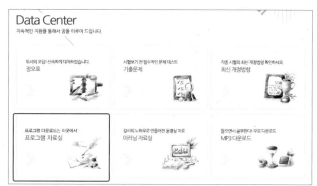

05 목록에서 학습에 필요한 자료 파일을 찾아 선택합니다.
   ＊ 검색란을 이용하면 목록을 줄일 수 있습니다.

06 첨부된 zip(압축 파일) 파일을 클릭하여 사용자 컴퓨터에 저장합니다.

07 압축을 해제한 후, 연습을 시작합니다.

듬꾹이, 담꾹이, 꾹꾹이는 독자를 생각하는 마음으로 더 알찬 정보와 지식들을 듬뿍 도서에 담았다는 의미로 탄생하게 된 '시대인'의 브랜드 캐릭터입니다.